Hugo Staudinger
Gott, die Wahrheit der Welt

Hugo Staudinger

Gott, Die Wahrheit der Welt

Von der Vernunft des Glaubens

R. BROCKHAUS VERLAG WUPPERTAL

TVG - ORIENTIERUNG

Herausgegeben von Helmut Burkhardt,
Reinhard Frische und Gerhard Maier

Begründet 1973 von Klaus Bockmühl (1931-1989)
unter dem Namen »Theologie und Dienst«

Die THEOLOGISCHE VERLAGSGEMEINSCHAFT (TVG)
ist eine Arbeitsgemeinschaft
der Verlage R. Brockhaus Wuppertal und Brunnen Gießen.
Sie hat das Ziel, schriftgemäße theologische Arbeiten zu veröffentlichen.

Die Deutsche Bibliothek - CIP-Einheitsaufnahme

Staudinger, Hugo:
Gott, die Wahrheit der Welt: von der Vernunft des Glaubens /
Hugo Staudinger. - Wuppertal: Brockhaus, 1997
(TVG: Orientierung)
ISBN 3-417-29076-7

Umschlaggestaltung: Friedhelm Grabowski
Umschlagfoto: SIS - ZEFA, Düsseldorf
Gesamtherstellung: Breklumer Druckerei Manfred Siegel KG
ISBN 3-417-29076-7
Bestell-Nr. 229 076

INHALT

EINLEITUNG

Menschen von heute sind in einer merkwürdigen Lage. Wir erleben eine ständige Steigerung unseres Wissens und unseres Könnens. Wir haben die Strukturen der Atome und unserer Gene erforscht. Auch die unendliche Weite des Weltraums mit seiner Vielzahl von Milchstraßensystemen ist uns weithin bekannt. Wir haben Theorien über die Entstehung der Welt und des Lebens entwickelt. Nicht nur die unbelebte Materie, sondern auch die Lebenswelt können wir weithin beherrschen und manipulieren. Auf Fragen, die früher nicht einmal gestellt wurden, haben wir Antworten, und unserer weiteren Forschung scheinen keine Grenzen gesetzt zu sein.

Dennoch sind wir in vieler Hinsicht unsicherer und orientierungsloser als frühere Generationen. Wir kennen zwar die Anatomie unseres Körpers, wir können Krankheiten bekämpfen und heilen, die früher als unbesiegbar galten, wir können Organe verpflanzen und sogar das Herz des Menschen durch ein anderes ersetzen. Aber wir sind im Zweifel, wer wir selbst letzten Endes sind, wodurch unser Leben bestimmt wird, was sein Ziel und sein Sinn ist. Ja, wir wissen nicht einmal, ob es ein solches Ziel, einen solchen Sinn überhaupt gibt.

Im Zusammenhang hiermit besteht auch eine Unsicherheit des Handelns. Das gilt für den einzelnen in seinem persönlichen Verhalten und im Umgang mit anderen. Vorgegebene und allgemein anerkannte Lebensbezogenheiten gibt es kaum noch. Fast alles unterliegt dem Wechsel und ist der Unsicherheit preisgegeben. Sogar die Familie, die über viele Generationen als stabile Gemeinschaft erschien, ist weithin in Auflösung begriffen. So ist jeder isoliert und nur noch sich selbst zum Nächsten geworden. Abhängig ist er jedoch von unpersönlichen Systemen, die ihn registrieren und im Sinne der Rechtstaatlichkeit ein relatives größeres oder kleineres Maß an persönlicher und sozialer Sicherheit bieten.

Wie wenig allerdings durch solche Sicherungen personale Geborgenheit vermittelt wird, zeigen nicht zuletzt die hohen Selbstmordziffern und die ständig steigende Zahl von Menschen, die sich in psychiatrische Behandlungen begeben, in Selbsthilfegruppen zusammenschließen oder als Wohnungs- und Heimatlose von Tag zu Tag dahinleben.

Es fehlt eine überzeugende Deutung unseres menschlichen Daseins. Daher ergreifen viele begierig Angebote, die in je eigener Art auf eine Einfügung und Auflösung des einzelnen im Kollektiv abzielen. Die New-Age-Bewegung, aber auch zahlreiche christliche und nichtchristliche Sekten haben Zulauf. Im Extrem sucht man durch Verbindung mit dem Satan oder im Hexenkult eine »Heimat« für das eigene Ich zu finden.

Zugleich hat in nicht geringem Maße eine Suche nach religiöser Orientierung eingesetzt. Die Kirchen allerdings stehen unter Ideologieverdacht und anderen Mißtrauensinterpretationen. Kritisch gefragt wird nach Glaubwürdigkeit und Verläßlichkeit. Bücher und Vorträge, die sich der Person Jesu Christi und anderen »Orientierungshilfen« zuwenden, finden erstaunlich großes Interesse.

Zur Überwindung der Orientierungslosigkeit ist eine Besinnung vonnöten. Wenn der einzelne Mensch kaum ein noch aus weiß, versucht er in vielen Fällen eine Rückbesinnung. Durch die Frage, wie es zur gegenwärtigen Situation gekommen ist, hofft er einen Ansatz zu ihrer Bewältigung zu finden. Was für den einzelnen gilt, gilt auch für die Gesamtheit. Selbstverständlich kann man auch unabhängig von der Frage nach der Vergangenheit Orientierung suchen. Zumeist ist es jedoch hilfreich, mitzubedenken, wie es zur gegenwärtigen Situation kam. Man kann dann erkennen, wo falsche Denkansätze wurzeln und wo man geistig wieder Boden finden kann.

Diesem Ziel dient das hier vorliegende Buch, das die Frage nach Gott, Mensch und Welt nicht abstrakt stellt, sondern aufzeigt, wie diese metaphysische Frage die Menschheit seit ihren Anfängen beschäftigt hat und welche Antworten versucht wurden. Dabei geht es nicht um reine Information um der Information willen, sondern nicht zuletzt um eine Hilfe zur besseren Beurteilung der gegenwärtigen Situation.

Erstellt wurden die folgenden Überlegungen im Deutschen Institut für Bildung und Wissen von einem eigenen Arbeitskreis, dem folgende Persönlichkeiten angehörten: Prof. Dr. Paul Ascher, Prof. Dr. Wolfgang Behler, Dr. med. Karl Hospes, Prof. Dr. Aloys Klein, Prof. Dr. Richard Krenzer, Prof. Dr. Georg Masuch, Frau Ruth

Richter, Hermann-Joseph Rick, Prof. Dr. Walter Scharder, Marie-Luise Sprenger, Prof. Dr. Hugo Staudinger, OStD. Franz-Josef Weber. Ihnen allen gebührt Dank für die zahlreichen Hinweise zur Ergänzung und Verbesserung des Textes. Dank gebührt ebenso Herrn Meyer für seine Hilfe beim Lesen der letzten Korrektur und Frau Ursula Knüppel, in deren Händen die bürotechnische Betreuung des Textes lag.

I. Grundformen menschlicher Welt- und Daseinsdeutungen

1. Urfragen des Menschen

Soweit wir feststellen können, hat der Mensch metaphysische Fragen von seinen Anfängen an gestellt. Dazu gehören vor allem (1) die Frage nach Gottheiten bzw. einer transzendenten Wirklichkeit, (2) die Frage nach dem Wesen und Sinn des eigenen Daseins und (3) die Frage nach der Welt. Diese Fragen sind dem Menschen als Person[1] eigen und werden, soweit wir feststellen können, von Tieren grundsätzlich nicht gestellt. Daher sind spekulative Versuche, sie als eine Weiterentwicklung tierischer Fähigkeiten und Verhaltensweisen zu deuten, nicht überzeugend. Die Formulierung dieser metaphysischen Fragen setzt eine personale Qualität des Fragenden voraus, die bei anderen Lebewesen nicht gegeben ist.

Geht man vom Wort aus, so gibt es »Metaphysik« allerdings erst seit Aristoteles. Der Ausdruck bezeichnet zunächst vordergründig die Überlegungen, die Artistoteles im Anschluß an seine Physik anstellte. Im weiteren Verlauf wurde Metaphysik jedoch schon früh inhaltlich als das gedeutet, was jenseits der Physik liegt bzw. worauf die Physik selbst beruht.

Die drei metaphysischen Grundfragen nach Gott, Mensch und Welt lassen sich nicht aus einer einzigen Frage ableiten. Dennoch gehören sie zusammen: Ein Wesen, das nach einer transzendenten Wirklichkeit fragt, stellt auch die Frage nach sich selbst und nach der Welt als eine Sinnfrage. Ein Wesen, das nach sich selbst fragt, stellt diese Frage notwendigerweise im Zusammenhang der gesam-

[1] Es gibt zwar Versuche, die Person zu definieren. Sie sind jedoch alle mehr oder weniger unzulänglich. Auf Grund der Offenbarung könnte man sagen: Die Person ist ihrem Wesen nach dadurch ausgezeichnet, daß Gott selbst sie als »Du« anspricht. Vgl. im übrigen zu dieser Frage: Hugo Staudinger / Johannes Schlüter, Wer ist der Mensch? – Entwurf einer offenen und imperativen Anthropologie, Stuttgart 1981.

ten Wirklichkeit, also auch der Welt und einer möglichen transzendenten Verankerung. Ein Wesen, das die Welt nicht als Umwelt erfährt wie die Tiere, sondern als ein Gegenüber, fragt notwendigerweise auch nach seiner Stellung zu dieser Welt und möglichen größeren Zusammenhängen in einer von transzendenten Komponenten mitgeprägten Gesamtwirklichkeit. Selbstverständlich können die Akzentuierungen dieser metaphysischen Gesamtfragehaltung verschieden sein. Der Zusammenhang läßt sich jedoch nicht ignorieren.

Dementsprechend ist die Frage nach dem Anfang bzw. Ausgangspunkt der Metaphysik eng verknüpft oder vielleicht sogar gleichbedeutend mit der Frage nach den Anfängen des Menschen. Bei einem Versuch, diese Frage zu beantworten, muß von zwei Grundtatsachen ausgegangen werden, die sich schon in der Genesis des Alten Testaments gekennzeichnet finden:

1. Der Mensch ist aus »Erde« gebildet, er wurde also nicht unmittelbar aus dem Nichts geschaffen, sondern steht im Zusammenhang mit dem, was bereits vor ihm geschaffen war.
2. Der Mensch ist nach dem »Bilde Gottes« geschaffen, d.h. seine Eigenart läßt sich nicht »von unten« ableiten, sondern gründet in einer Beziehung zu dem, was »über ihm« ist, d.h. konkret in einem personalen Anruf des dreipersonalen Gottes.

Natürlich stellt sich die Frage, wie weit diese Grundaussagen der Genesis mit dem gegenwärtigen Stand unserer wissenschaftlichen Forschung übereinstimmen. Von der ersten Feststellung läßt sich das uneingeschränkt bejahen: Der Mensch steht auch nach unserer wissenschaftlichen Erkenntnis im Zusammenhang mit der Gesamtwirklichkeit. Er besteht aus der gleichen Materie, die wir auch sonst vorfinden, und er ist somatisch stammesverwandt mit den Primaten.

Die zweite Feststellung, derzufolge der Mensch durch einen Anruf des personalen Gottes ins Dasein gerufen wurde, läßt sich wissenschaftlich verständlicherweise nicht »nachweisen«. Wichtige Tatsachen sprechen jedoch dafür: Als Person vermag der Mensch nur dann heranzuwachsen, wenn er in Beziehung zu bereits ausgereiften Personen steht. Dies gilt anscheinend schon für die embryonale Entwicklung. Die ohnehin problematischen Versuche, befruchtete Eizellen im Reagenzglas hochzuzüchten, stoßen nach allen bisherigen Erfahrungen schon früh auf Grenzen, da die lebensnotwendige Bezogenheit zur Mutter im Reagenzglas fehlt.[2] Vergleichbares gilt für Kinder nach der Geburt. Wie die Hospitalismusforschung erwiesen hat, gehen Kinder zugrunde, die nur mit allem biologisch Notwendigen – und zwar durchaus optimal – versorgt werden, die jedoch keine personale Zuwendung von den Eltern oder dem Pflegepersonal erfahren. Vergleichbares gilt wahrscheinlich auch für die Menschheit insgesamt. Daß der Mensch als Person ins Dasein trat, ist kaum vorstellbar, wenn er nicht von einer schon vorhandenen Person Zuwendung erfahren hat bzw. in das einzigartige menschliche Dasein gerufen wurde.

Darin, daß die menschliche Person sich einer Zuwendung Gottes verdankt, liegt offensichtlich auch die Erklärung dafür, daß es, soweit unsere Forschung reicht, zu den Eigenarten des Menschen gehört, Religion zu haben. Bezeichnenderweise hat sich auch der atheistische Denker Jacques Monod darüber gewundert, »daß die Religion bei unserer gesamten Art den Gesellschaftsstrukturen zugrundeliegt . . . (und) daß in der unermeßlichen Vielfalt der Mythen, Religionen und philosophischen Lehren stets die gleiche Grund-›Form‹ wiederkehrt«.[3] Monod sucht als Biologe eine Erklärung in seiner Weise und versichert, er zweifle nicht daran, daß all dies »irgendwo in der Sprache des genetischen Codes verzeichnet steht und sich spontan entwickelt«.[4] Die Theologie hat seit alters aus der unleugbaren Tatsache der religiösen Gebundenheit gefolgert, daß es offensichtlich eine »Uroffenbarung« gebe, durch die der Mensch von vornherein gegenüber allen tierischen Lebewesen ausgezeichnet sei.

Hierfür spricht auch die bemerkenswerte Tatsache, daß der

[2] Natürlich kann man darüber spekulieren, ob es eines Tages gelingen wird, dem Kind die Beziehung zur Mutter vorzutäuschen. Aber selbst diese Simulation würde dann noch darauf hinweisen, daß personales Leben nicht isoliert heranzureifen vermag.

[3] Jacques Monod, Zufall und Notwendigkeit – Philosophische Fragen der modernen Biologie, dtv 1069, S. 147.

[4] Ebd. S. 146.

Mensch schon in frühester Zeit seinen Toten Beigaben mit ins Grab gegeben hat, was den Schluß nahelegt, daß er den Tod nicht als ein absolutes »Aus« betrachtete. Nicht minder beachtenswert sind früheste Zeugnisse künstlerischer Gestaltung, wie sie vor allem in den Höhlenzeichnungen vorliegen, von denen in jüngster Zeit wiederum erstaunliche Darstellungen entdeckt wurden.[5] Alle uns zur Verfügung stehenden Funde deuten darauf hin, daß die frühesten Menschen sich schon eindeutig von tierischen Primaten unterschieden. Dagegen erweisen sich bei kritischer Sichtung vermeintliche »Übergangsexemplare« als rein spekulative Phantasiegebilde.

Das besondere Weltverständnis des Menschen dokumentiert sich von den Anfängen bis zur Gegenwart nicht zuletzt in seiner Sprache. Bezeichnenderweise gibt es keine Menschengruppe, die ohne Sprache wäre. Selbst bei Menschen, die infolge körperlicher Störungen taubstumm sind, ist die Sprachfähigkeit grundsätzlich vorhanden. Hiervon zeugt nicht zuletzt die Erfindung der Taubstummensprache, die trotz mancher Parallelen und Überschneidungen keineswegs nur eine lebensdienliche Verständigung in der Art tierischer Kommunikationssysteme bedeutet.

Die menschliche Sprache ist Ausdruck der selbstbewußten Geistigkeit des Menschen. Sie unterscheidet sich qualitativ von oft als »Sprachen« bezeichneten tierischen Kommunikationssystemen, die uns durch die moderne Verhaltensforschung weithin zugänglich sind. Bei den Tieren dienen »Sprachen« einer für die jeweilige Tierart biologisch förderlichen funktionalen Kommunikation. Dementsprechend beschränkt sich ihr »Wortschatz« auf das für die jeweilige Tierart Lebenswichtige; die Differenzierung der Sprache wird nur soweit vorangetrieben, wie es unter diesem Gesichtspunkt notwendig ist. Daher werden Erscheinungen der Wirklichkeit in den Tiersprachen nicht mit »objektiven Begriffen« benannt, sondern auf die Lebensbedeutung für die betreffenden Tiere bezogen.

So spielt, um es an einem Beispiel zu verdeutlichen, der der menschlichen Sprache zugeordnete Begriff »Baum« für das Tier keine Rolle, sondern das, was wir als Baum bezeichnen, erscheint in

[5] Vgl. z.B. Jean-Marie Chauvet / Eliette Brunel Deschamps / Christian Hillaire, Grotte Chauvet, Sigmaringen ²1995.

dessen Wahrnehmungs-, Verhaltens- und Mitteilungssystemen als »Futterstatt«, als »Brutstelle«, als »Zufluchtsort« oder auch als »Orientierungspunkt«. Dagegen dokumentiert sich beim Menschen in der Sprache sein Vermögen, bei der Wahrnehmung und Erkenntnis von sich selbst und seinen unmittelbaren Bedürfnissen abzusehen, d.h. der Welt »frei« gegenüberzutreten. Hierdurch ist der Mensch zugleich befähigt, dem jeweils Erkannten und Benannten einen Eigenwert zuzumessen und es als schön zu empfinden.

Der sofort ins Auge fallende quantitative Unterschied zwischen tierischem und menschlichem »Wortschatz« beruht letzten Endes auf dem qualitativen Unterschied zwischen tierischen Kommunikationssystemen und menschlicher Sprache. Tierische Kommunikationssysteme beziehen sich auf die jeweilige Umwelt der betreffenden Tierart und werden nur in diesem Bezugsrahmen aktiviert. Die menschliche Sprache dagegen bezieht sich auf die Welt schlechthin, d.h. auch auf Erscheinungen, die in keinem - positiven oder negativen - lebensdienlichen Zusammenhang mit dem Menschen stehen. Diese Welt jedoch ist im Gegensatz zur tierischen Umwelt letzthin unauslotbar und unerschöpflich. Daher ist die menschliche Sprache im Gegensatz zu den tierischen Kommunikationssystemen notwendigerweise unabgeschlossen, uneindeutig und für immer neue Wortbildungen und -verknüpfungen offen.[6]

So ermöglicht es die Sprache dem Menschen auch, Weltdeutungen zu formulieren, sich über Weltdeutungen und Möglichkeiten der Weltbewältigung zu verständigen und diese Erkenntnisse und Fähigkeiten weiterzugeben, so daß sich Traditionen bilden. Diese Traditionen sichern einerseits eine gewisse Stabilität individuellen und sozialen Verhaltens, sind jedoch andererseits im Gegensatz zu den artgebundenen Verhaltensmustern der Tiere flexibel und wandelbar. Anders als tierische Sozialverbände sind daher menschliche Gemeinschaften durch Entwicklungen gekennzeichnet, die in einem Wechselspiel von Kontinuität und Diskontinuität wissen-

[6] Als Beispiel sei darauf verwiesen, daß bei einem Wiedertreffen alter Bekannter der eine den anderen in folgender Weise alternativ anreden kann: Alter Knabe, altes Haus, alte Pflaume, alter Knilch, alte Rübe und dergleichen mehr. Dazu kommt, daß wir in der konkreten Situation unter Umständen völlig neue Wortverbindungen oder -ableitungen bilden.

schaftlich als »Sozial- und Verfassungsgeschichte« zur Darstellung gebracht werden können.

Im Sinne der Traditionssicherung und -übermittlung gibt die Schrift der Sprache nochmals eine neue Qualität. Sie vermag über Generations- und Völkergrenzen hinaus festzuhalten, was Menschen denken und empfinden. Daher unterscheidet die Geschichtswissenschaft zwischen der schriftlosen vorgeschichtlichen und der geschichtlichen Zeit, da nur diese dank schriftlicher Zeugnisse bis in unsere Tage unmittelbar zu uns »spricht«.

Die sich vornehmlich in der Sprache dokumentierende geistgeprägte Eigenart kennzeichnet alle Menschen, auch die Vertreter »primitiver« Kulturstufen. Einen allmählichen Übergang von der tierischen Umweltverhaftetheit zum menschlichen Weltverhältnis kann man empirisch ebensowenig feststellen wie einen Übergang von den sogenannten Tiersprachen zur menschlichen Sprache.

Wie die Eigenart der menschlichen Sprache dokumentiert, liegt also der tiefere Grund dafür, daß der Mensch - soweit unsere Forschung reicht - »schon immer« die Frage nach der Welt als ganzer und nach seiner eigenen Stellung in dieser Welt gestellt hat, in der sein Wesen von Anfang an kennzeichnenden Sonderstellung. Das aber bestätigt: Der Sache nach hat der Mensch schon immer Metaphysik betrieben.[7]

Soweit wir empirisch feststellen können, beginnt das menschliche Fragen nie bei einem Nullpunkt, sondern es knüpft jeweils an bereits vorgegebene Antworten an. Das bedeutet konkret: Der einzelne Mensch wächst keineswegs in eine zunächst nur »objektiv« vorgegebene Welt hinein und beginnt dann, sie von sich aus zu deuten, sondern ihm ist von vornherein eine gedeutete Welt vorgegeben. Ohne eine solche Vordeutung vermag der Mensch schlechthin nicht heranzuwachsen und zu leben. Alle Experimente, die in dieser Hinsicht unternommen wurden, endeten mit dem Tod der Kinder, die man ohne jede Vordeutung der Welt heranwachsen lassen wollte.[8]

[7] Vgl. oben.

[8] Besonders eindrucksvoll sind zu diesen Fragen einige Abschnitte aus der Chronik des Salimbene von Parma aus dem Jahre 1268: »Friedrich II. von Hohenstaufen wollte die Ursprache der Menschheit finden. Er glaubte, sie entdecken zu

Die unserer Forschung zugängliche Menschheit bildet geschichtlich keine Einheit. In diesem Sinne beginnt die frühe Geschichte der Menschheit mit einer Vielzahl von verschiedenartigen sozialen Gebilden. Der heutige Zustand, in dem ein Großteil der Menschheit voneinander weiß und sich grundsätzlich als eine Einheit empfindet, ist geschichtlich eine Späterscheinung. Aber der Tatbestand, daß die Menschheit insgesamt biologisch eine einzige Art bildet, deutet darauf hin, daß sie an ihren Anfängen auch im geschichtlichen Sinn eine Einheit gebildet hat.

Daher gehen auch nahezu alle Spekulationen von einer ursprünglichen Einheit der Menschheit aus, ohne jedoch wissenschaftlich gesicherte Erkenntnisse über die früheste Zeit der Menschheit zu besitzen. Das hat zur Folge, daß wir – wie dargelegt wurde – aus guten Gründen spekulativ behaupten können, Metaphysik habe es der Sache nach solange gegeben, wie es Menschen gab, daß wir jedoch nicht in der Lage sind, eine »Geschichte der frühesten Metaphysik« zu rekonstruieren.

2. Magische Weltauffassungen

Obgleich uns die »Philosophiegeschichte« der frühen Menschheit, das heißt deren Versuche, die Welt und ihr eigenes Dasein zu deuten, im einzelnen unbekannt sind, lassen sich einige grundsätzliche Anmerkungen machen, die als zutreffend betrachtet werden können. Alle metaphysischen Daseinsdeutungen können ihrer Grundstruktur nach auf vier Weltbilder zurückgeführt werden: das Magische, das Mythische, das Naturwissenschaftliche und das Historische. Allerdings gibt es zwischen ihnen auch Übergänge und Kom-

können, wenn beobachtet werde, in welcher Sprache Kinder zu reden anfangen, mit denen vorher niemand spricht . . . Aber er mühte sich vergebens, weil die Knaben und anderen Kinder alle starben. Denn sie vermochten nicht zu leben ohne das Händepatschen und das fröhliche Gesichterschneiden und die Koseworte ihrer Ammen und Nährerinnen.« Vergleichbares hat die sogenannte Hospitalismusforschung unseres Jahrhunderts eindrucksvoll bestätigt. Vgl. hierzu auch: Hugo Staudinger / Johannes Schlüter, Die Glaubwürdigkeit der Offenbarung und die Krise der modernen Welt, Stuttgart 1987, S. 73.

binationen. Von den vier Weltbildern sind das magische und das mythische die älteren, das naturwissenschaftliche und das historische die späteren. Die magische Weltdeutung kann in vieler Hinsicht als eine Vorstufe der naturwissenschaftlichen, die mythische Weltdeutung dagegen als eine Vorstufe der historischen betrachtet werden.

Im Sinne einer idealtypischen Beschreibung sind für das magische Weltbild folgende Kennzeichen grundlegend: Alle Dinge, Vorgänge und Erscheinungen stehen in einem inneren Zusammenhang. Ihn kann man nützen, um den Lauf des Geschehens zu beeinflussen. Das geschieht im allgemeinen indirekt. Man glaubt an göttliche bzw. dämonische Wesenheiten, die das Geschehen lenken. Mächtig und bedrohlich sind sie allerdings nur so lange wie man die Zeremonien und Formeln nicht kennt, durch die man sie beherrschen kann.

Der Kundige jedoch kann Götter und Dämonen nützen, um erwünschte Wirkungen herbeizuführen. Denn die magischen Gottheiten sind keine frei handelnden Personen. Vielmehr sind auch sie eingebettet in den großen Mechanismus der Welt. Durch magische Impulse kann man sie zur Wirksamkeit veranlassen. So werden sie zu einem Hebel, mit dessen Hilfe der Mensch seine Wünsche realisieren kann. Daher formuliert Arnold Gehlen, daß »die magischen Kräfte weder willkürlich noch spontan sind, sondern selbst ein beseelter Automatismus, der die ganze Welt durchzieht und den man mit der rechten Formel in Gang bringen kann«.[9]

Das magische Denken erkennt also übermenschliche Mächte an. Sogar auf das Wirken noch unbekannter Kräfte ist es gefaßt. Auch deren Wirksamkeit wird jedoch als Teil des Weltmechanismus gedacht. Es gibt in diesem Denken keine Mächte und Kräfte, die sich in unauskalkulierbarer Spontaneität prinzipiell jedem Zugriff magischer Beherrschung entziehen. Sofern sich ungewöhnliche Dinge ereignen, ist es am Menschen, die noch unbekannten Zusammenhänge herauszubekommen und die Formeln und Zeremonien zu finden, mit deren Hilfe sie beherrscht werden können.

Die magischen Zusammenhänge bestehen nach der Überzeu-

[9] Arnold Gehlen, Anthropologische Forschung, rde. 138, S. 96.

gung der von diesem Denken beherrschten Menschen objektiv. Daher wirken die gängigen Formeln und Zeremonien zuverlässig. Entgegen der Meinung vieler heutiger Menschen können auch Mißerfolge dieses Weltbild nicht erschüttern oder gar widerlegen. Denn die zuverlässige Wirksamkeit magischer Formeln gilt selbstverständlich - ebenso wie die unserer wissenschaftlich-technischen Berechnungssysteme - nur unter der Voraussetzung, daß keine anderen Kräfte auf das Geschehen einwirken bzw. den erwünschten Ablauf stören.

Konkret bedeutet das zum Beispiel: Auf die in vorgeschriebener Weise durchgeführten Zeremonien und die korrekt ausgesprochenen Formeln tritt der als magische Wirkung gewünschte Regen mit absoluter Sicherheit ein. Sollte er ausbleiben, dann ist das kein Argument gegen die Zuverlässigkeit des Weltmechanismus. Vielmehr sind entweder bei der Durchführung der Zeremonien Fehler unterlaufen oder die Einwirkung anderer Kräfte hat den Gang der Ereignisse gestört, indem z.B. ein Feind durch heimlichen Gegenzauber das eigene Bemühen zunichte gemacht hat.

Bedenkt man, daß mit Fehlern bei den Zeremonien und mit feindlichen Gegenkräften immer gerechnet werden muß, so erweist sich das magische Weltverständnis in sich genommen, d.h. innerhalb seiner eigenen Argumentationsbasis, als ebenso unwiderlegbar wie unser wissenschaftliches.[10] Dies gilt um so mehr, da die magische zuweilen nahtlos in die technisch-wissenschaftliche Weltbeherrschung übergeht. Auf diese Weise kann in vielen Fällen auch der faktische Erfolg als positive Bestätigung magischer Überzeugungen gedeutet werden. Hierfür nur ein Beispiel: Der von der Sehne abgeschnellte Pfeil soll zielsicher fliegen wie ein Vogel. Daher versieht ihn der Mensch des magischen Denkens mit Vogelfedern, die in altüberlieferter Weise angebracht werden. Tatsächlich stellt der Erfolg sich ein, während Pfeile ohne Federn sich überschlagen und das Ziel verfehlen. Wie auch dieses Beispiel zeigt, ist das magische Weltbild durchaus nicht so willkürlich und primitiv,

[10] Auch wir führen ja »Mißerfolge« nicht auf ein Versagen unseres wissenschaftlich-technischen Weltbildes zurück, sondern sind von vornherein davon überzeugt, daß entweder »menschliches Versagen« oder »Materialfehler« zu dem Mißerfolg geführt hat.

wie es manchen heutigen Menschen scheint. Wer diesem Weltbild verhaftet ist und sein Denken völlig darauf eingestellt hat, ist schlechthin nicht in der Lage, dessen Unzulänglichkeiten und Grenzen zu bemerken.[11]

3. Mythische Welterklärungen

Im Gegensatz zu der in sich geschlossenen magischen Weltdeutung mit ihren stets gleichbleibenden Mechanismen ist die mythische Weltvorstellung für grundsätzlich nicht berechenbare Veränderungen offen. Sie ist davon überzeugt, daß die heute gültigen Ordnungen nicht seit eh und je bestehen, sondern »einstmals« durch Gottheiten oder auch hervorragende Menschen in freien Entscheidungen begründet und gestiftet wurden.

Dementsprechend sind Hauptinhalt der Mythen einmalige Geschehnisse, die in der Vergangenheit spielen, aber bleibende Bedeutung haben. Denn durch sie wurden kosmische, kultische, kulturelle und politische Ordnungen gestiftet, die seither bestehen. So künden die Schöpfungsmythen, wie Erde, Sonne, Mond und Sterne geschaffen wurden, andere Mythen erzählen von Ereignissen, die den seither bestehenden Wechsel der Jahreszeiten zur Folge hatten, wieder andere, wie das Feuer in die Hand des Menschen kam, wie der Getreidebau oder auch der Weinbau sich über die Erde verbreiteten. Wieder andere berichten über die Gründung von Städten durch Gottheiten, unter deren Schutz sie seither stehen.

Die Grundstruktur des Mythos ist in den verschiedensten Kulturräumen der Erde die gleiche. So ist z.B. die chinesische Weisheit davon überzeugt, »daß alle wesentlichen Änderungen der Kultur je auf einen Kaiser zurückgehen, der sie eingeführt hat. Das ›Brunnensystem‹ ist nicht allmählich entstanden, der Ackerbau hat sich nicht langsam entwickelt, die Zeitrechnung nicht von selbst gebildet und fortgebildet, sondern die weisen Kaiser der Urzeit erfanden

[11] Es ist durchaus der Frage wert, ob das gleiche nicht auch für unser wissenschaftlich-technisches Weltsystem gilt.

diese wohltätigen Institutionen und brachten dadurch das Dasein aller in eine neue Ordnung«.[12]

Die gegenwärtige Welt – das gilt für Natur und Kultur in gleicher Weise – verdankt sich also nach mythischer Überzeugung bestimmten einmaligen Taten und Geschehnissen, die nicht gesetzmäßiger Notwendigkeit, sondern spontaner Aktivität bzw. einmaligen Entschlüssen entsprangen.

Die gleichen Götter jedoch, die am Ausgangspunkt aller Errungenschaften stehen, sind in dieser mythischen Weltsicht weiterhin wirksam und tätig. Daher kann der Mensch sie anrufen und um ihre Hilfe bitten. Im Gegensatz zu den Dämonen der magischen Welt reagieren sie freilich nicht automatisch auf Formeln und Zeremonien. Als frei handelnde personale Wesen können sie sich vielmehr menschlichem Flehen öffnen oder auch verschließen. Sie sind zwar nicht allmächtig, aber doch mächtiger als der Mensch und daher in der Lage, ihre Schützlinge aus Nöten zu befreien und ihnen Vergünstigungen zu gewähren, aber auch Frevler in unvorhersehbarer Weise zu strafen.

Wissenschaftlich ungeklärt ist die Frage nach dem Ursprung der Mythen. Man hat darauf hingewiesen, daß der Mensch offensichtlich schon in früher Zeit vor Grundfragen seines Daseins stehe. In diesem Sinne hat Theodor Litt mit Recht betont, »daß die Reflexion auf das eigene Sein einer der Züge ist, die die Grundverfassung des Menschen ausmachen«.[13] Diese Tatsache werde allerdings oft unterschätzt, »weil, verglichen mit der ungeheueren Gedankenarbeit, die der moderne Mensch auf seine Selbsterforschung verwendet, die einschlägigen Bemühungen zurückliegender Zeiten belanglos erscheinen oder übersehen werden«.[14]

Wissenschaftlichen Spekulationen zufolge liegt somit der Impuls, der zum Mythos führt, in der geistigen Grundstruktur, das heißt in der metaphysischen Fragehaltung des Menschen selbst. Auch die Tiefenpsychologie hat hierüber allgemeine Theorien entwickelt und die Mythen mit Archetypen in Verbindung gebracht.

[12] Hans Freyer, Theorie des gegenwärtigen Zeitalters, Stuttgart 1961, S. 63.
[13] Theodor Litt, Freiheit und Lebensordnung, Heidelberg 1962, S. 30.
[14] Ebd.

Allerdings beantworten derartige Spekulationen die Frage, wie konkrete Mythen tatsächlich entstanden sind, letzten Endes nicht. Es gehört geradezu zu den Kennzeichen des echten Mythos, daß er keinen nachweisbaren Verfasser hat. Die Mythen wurden von Propheten und Sehern verkündet. Sie sind im Verständnis der alten Zeit als Offenbarungen letzthin göttlichen Ursprungs. Daher finden sich unter ihnen auch prophetische Themen, die künftige Ereignisse, insbesondere den Untergang der Welt, voraussagen.

So wenig sich – unter rein wissenschaftlichen Kriterien – über das Entstehen der alten Mythen etwas Sicheres sagen läßt, so eindeutig lassen sich über das Weltverhältnis und die Wirklichkeitserfahrung der Menschen mythischer Kulturen einige Feststellungen treffen.

1. Für den Menschen der mythischen Zeit sind die Mythen wahre Geschichten. Diese Wahrheit ist ganzheitlich und läßt eine Spaltung in die Frage nach einer »historischen« und einer die Welt und die menschliche Existenz deutenden Wahrheit nicht zu. Man kann geradezu formulieren: Die existentielle Wahrheit des Mythos ist identisch mit der Überzeugung, daß sich die Ereignisse tatsächlich so abgespielt haben, so abspielen bzw. so abspielen werden, wie der Mythos es kündet.
2. Die Wahrheit des Mythos ist primär dadurch verbürgt, daß er als göttliche Kunde von Priestern und Weisen bewahrt und vorgetragen wird, daß es sich also um eine heilige Überlieferung handelt. Bezeichnenderweise tragen in Griechenland auch noch in späterer Zeit die Rhapsoden eine besondere priesterliche Gewandung.
3. Sofern der Mythos in Beziehung zu bestimmten konkreten Erfahrungen steht, ist er für den Menschen der mythischen Zeit nicht einseitig eine nachträgliche Deutung dieser Erfahrungen, sondern es ist eher umgekehrt. Denn dieser Mensch wächst ja in der mythisch bereits gedeuteten Welt auf. Daher bestätigen seine eigenen Erfahrungen die Richtigkeit des Mythos. So wird z.B. der überkommene Bericht vom Raub der Proserpina durch die eigene Erfahrung des Wechsels der Jahreszeiten bestätigt, oder: Die Kunde, daß Thor mit dem Hammer über die Wolken fährt, wird durch die Erfahrung des Gewitters als zutreffend erwiesen.

Im allgemeinen Sprachgebrauch wird heute das Wort Mythos allerdings oft in einer recht unbedachten, zuweilen völlig unkritischen Weise verwendet. Mit Recht stellt Erich Rothacker unverblümt fest: »In dem großen Schrifttum über das mythische, magische und das sogenannte primitive Denken ist wahrlich nicht alles Gold, was glänzt.«[15] Unter Hinweis auf das griechische Wort »Mythos« werden in der gegenwärtigen Literatur Mythos und Logos oft als verschiedene Arten des Weltverständnisses gegenübergestellt.[16] Dabei betrachtet man das »Mythische« als Sammelbezeichnung für Denkstrukturen, die man als Gegenpol zum logischen bzw. rationalen Denken empfindet.

Tatsächlich jedoch bedeutet das Wort »Mythos« im älteren griechischen Sprachgebrauch - etwa bei Homer - ebenso wie das Wort Logos Wort und Rede, ohne die Nebenbedeutung des Erdichteten und Erfundenen. Als Beispiel denke man nur an jenen oft zitierten Vers, den man geradezu als das »Bildungsideal« der homerischen Epoche bezeichnet hat: μύθων τε ῥητῆρ' ἔμεναι πρηκτῆρά τε ἔργων.[17] Neben die Taten werden also die Worte gestellt, die der Redner in der Volksversammlung jeweils vorträgt als seine Auffassung und seine Meinung zu einer konkreten Frage.

Wie an anderer Stelle noch darzulegen ist, bekommt der griechische Begriff Mythos jedoch in den folgenden Jahrhunderten die Nebenbedeutung des Erdichteten und Erfundenen. Diese neue Bedeutungsakzentuierung konnte um so leichter vonstatten gehen, da der Mythos bei den Griechen, soweit der sprachgeschichtliche Befund erkennen läßt, schon früh eine subjektive Komponente enthielt. Diese Feststellung darf jedoch nicht verallgemeinert und auf den frühen Mythos schlechthin übertragen werden. Ursprünglich war der Mythos kein mehr oder weniger beliebiger Versuch, in bildhaften Analogien das Dasein zu deuten. Es handelt sich vielmehr im Bewußtsein dieser Zeit um eine der Wirklichkeit entsprechende Erzählung. Eine Trennung zwischen dem Inhalt dieser Erzählung und seiner Deutung ist diesem alten Mythos fremd.

[15] Erich Rothacker, Probleme der Kulturanthropologie, Bonn ²1948, S. 57.
[16] Z.B. in: Alexander Randa, Handbuch der Weltgeschichte, Spalte 181f.
[17] »Ein Redner von Worten zu sein und ein Täter von Taten.«

Versucht man den wesentlichen Unterschied zwischen magischem und mythischem Weltbild zusammenzufassen, so zeigt er sich schon in der Art und Weise, wie sich das magische Denken im Unterschied zum mythischen Denken darstellt: (1) Die magische Weltinterpretation äußert sich primär in Formeln und in Anweisungen, die dazu dienen, zum eigenen Vorteil in den Weltmechanismus einzugreifen. Dabei wird dieser Mechanismus als solcher nicht verändert, aber im Sinne eigener Wünsche manipuliert. (2) Das mythische Denken dagegen äußert sich vor allem, indem es erzählt, wie die gegenwärtig vorgefundenen Erscheinungen entstanden sind, unter wessen Schutz sie stehen und wer ihre Veränderungen unter Umständen bewirken bzw. beeinflussen kann.

4. Impulse kritischer Überlegungen

Wie schon bemerkt wurde[18], kann die magische Weltdeutung in vieler Hinsicht als eine Vorstufe der naturwissenschaftlichen, die mythische Weltdeutung dagegen als eine Vorstufe der historischen betrachtet werden. An mit Vogelfedern versehenen Pfeilen wurde beispielhaft gezeigt, wie ein Übergang vom magischen zum naturwissenschaftlichen Weltbild erfolgen kann. Ein analoger Übergang ist auch zwischen dem mythischen und dem historischen Weltverständnis möglich.

Da der Mythos seinem Selbstverständnis nach reales Geschehen berichtet, kann er in der Zeit, in der er unangefochten herrscht, nicht durch freie Gestaltungen geändert werden. Dagegen ist es möglich und legitim, weiteres tatsächliches Geschehen in ihn einzubeziehen. Er vermag – wie Arnold Gehlen formuliert – »historische Erinnerungen in seine Urzeiterzählungen einzuflechten«.[19] Das bedeutet pointiert formuliert: Weil der Mythos seinem Selbstverständnis nach wirkliches Geschehen zum Gegenstand hat, vermag er nahtlos in Historie überzugehen.

[18] Vgl. S. 14.
[19] Arnold Gehlen, Urmensch und Spätkultur, Frankfurt/M. ^{2}1964, S. 230.

Gemeinsam ist dem Mythos mit der Historie vor allem die Überzeugung, daß die Welt nicht schon immer so gewesen ist, wie wir sie unmittelbar erfahren, daß vielmehr die bestehenden kosmischen, kulturellen, kultischen und politischen Ordnungen einmaligen epochalen Leistungen zu verdanken sind und daß es auch künftig epochale Veränderungen geben kann.

Die Verwandtschaft von Mythos und Historie äußert sich auch im Stil. Wenn J. v. Schelling sagt: »Die ersten Urbilder des historischen Stils sind das Epos in seiner ursprünglichen Gestalt und die Tragödie«[20], so wird man erweiternd darauf hinweisen müssen, daß beide, sowohl das Epos wie die Tragödie, aus dem Mythos hervorgegangen sind. Mythos und Historie sind struktur- und stilverwandt.

Wie schon erwähnt wurde, geht in späterer Zeit bei manchen Völkern - bei den Griechen schon verhältnismäßig früh - eine Entfaltung und Ausschmückung der Mythen mit einer Profanierung Hand in Hand. Je mehr die fraglose Überzeugung von der göttlichen Wahrheit und der unantastbaren Heiligkeit der Mythen zu schwinden beginnt, desto unbedenklicher wagt der Mensch eine freiere Gestaltung, Ausschmückung, ja eine Neufassung mythischer Stoffe. Nicht mehr Propheten und Priester, sondern Dichter und Sänger sind nunmehr Künder der Mythen. Obgleich auch sie ihre Gesänge bis in die späte Zeit hinein den göttlichen Musen in den Mund legen und obgleich die neben dem Epos entstandene Tragödie eine Kulthandlung darstellt, läßt sich deutlich eine Profanierung feststellen: Die Mythen werden nicht mehr als Offenbarungen der Gottheit empfunden, sondern als Dichtungen bestimmter Menschen, deren Namen grundsätzlich angegeben werden können.

Gegen diesen relativ späten Mythos und die ihn tragende Gesellschaft wendet sich die Kritik der geistigen Elite jener Zeit, die Karl Jaspers als »Achsenzeit« bezeichnet hat.[21] Kritisch erklärt z.B. Xenophanes: »Alles haben Homer und Hesiod den Göttern zugeschrieben, was beim Menschen Schimpf und Tadel ist: stehlen, ehe-

[20] F.W.: J. v. Schelling, Vorlesungen über die Methode des akademischen Studiums, 10. Vorlesung über das Studium der Historie und Jurisprudenz.

[21] Karl Jaspers, Vom Ursprung und Ziel der Geschichte, Fischer Bücherei 91, S. 14.

brechen, einander betrügen.«[22] Das nunmehr einsetzende Nachdenken über die Wirklichkeit führt zunächst zu einem im Vergleich zum Mythos geläuterten Gottesbegriff. Allerdings kostet diese Läuterung auch einen Preis: Die Aussagen werden weithin abstrakt und negativ. So folgt bei Xenophanes der Feststellung »Es ist nur ein Gott unter Göttern und Menschen der Größte« unmittelbar, »weder an Gestalt den Sterblichen gleich noch an Gedanken«.[23]

Schon bald können vor der fortschreitenden kritischen Prüfung die überkommenen Mythen samt und sonders nicht mehr als »wahr« bzw. »historisch« glaubwürdig bestehen. Damit ändert sich zwangsläufig der Begriff des Mythos. Er enthält von nun an den Beigeschmack des Erdichteten und Erfundenen. Mit dieser Nebenbedeutung findet sich das Wort Mythos erstmals bei dem Dichter Pindar, also im 5. Jahrhundert v.Chr. Der Mythos ist nunmehr keine »wahre« und keine göttliche Botschaft mehr, sondern eine menschliche, das Dasein deutende Erzählung, die auch Unglaubwürdiges oder zumindest Unüberprüfbares enthält.

Die Konsequenzen dieser Entwicklung sind tiefgreifend: Von nun an wird der profanierte Mythos endgültig für den Menschen verfügbar. Er wird zu einer Form menschlicher Wirklichkeitsdeutung und Argumentation. Nach dem Zeugnis Platos hat bereits Protagoras ihn in diesem Sinne eingesetzt. Nach dessen Überzeugung sind die göttlichen Gaben αἰδώς und δίκη – Schamgefühl und Rechtsempfinden – die Voraussetzung dafür, daß die Menschen Staaten bilden und in angemessener Weise zusammenleben. Daher lehrt er, daß die Götter selbst den Menschen diese Gaben zugesandt hätten. Allerdings bekennt der gleiche Protagoras an einer anderen Stelle: »Hinsichtlich der Götter wisse er nicht, ob es sie gibt oder nicht.«[24]

Der Mythos ist also nunmehr keine heilige Überlieferung mehr, die dank göttlichen Ursprungs historische und existentielle Wahrheit in einem kündet. Protagoras selbst glaubt ja keineswegs, daß die Götter eines Tages die beiden Wesen αἰδώς und δίκη zu den

[22] B 11 Sext. Emp. adv. math. IX 193.
[23] B 23 Clem, Strom, V 109.
[24] B 4, Diog. Laert. IX 51.

Menschen in Marsch gesetzt hätten. Er will durch »seinen« Mythos nur unterstreichen, daß diese beiden Tugenden für ein erträgliches Zusammenleben der Menschen absolut notwendig sind. Der Mythos ist also jetzt eine besondere Formulierung einer rational nicht beweisbaren Überzeugung. Er ist in diesem Sinne Interpretament. Er ist nicht wahr im Sinne eines wirklichen Geschehens, sondern wahr im Sinne einer zutreffenden Interpretation der Wirklichkeit. Demzufolge ist die »Wahrheit« dieses neuen Mythos von der Geschichte unabhängig.

Das neue aufgeklärte Bewußtsein beherrscht auch jene Männer, die am Ausgangspunkt der abendländischen Geschichtsschreibung stehen. Da der Mythos nicht mehr beanspruchen kann, »wahre Erzählung« zu sein, ist es nicht mehr legitim, Mythos und Geschichte nahtlos ineinander übergehen zu lassen. Der nunmehr kritische Geschichtsschreiber hat vielmehr beides zu trennen. Diese Aufgabe kann er entweder lösen, indem er alles Nichthistorische radikal von der Darstellung ausschließt, oder auch dadurch, daß er das Nichthistorische ausdrücklich als solches kennzeichnet. Beide Wege sind von Geschichtsschreibern der kommenden Jahrhunderte beschritten worden.

Das neue Programm wurde erstmalig von Hekataios in dem uns erhaltenen Einleitungssatz zu den γενεαλογίαι formuliert: »Dies schreibe ich so, wie es mir wahr zu sein scheint; denn die (bisherigen) Reden der Griechen sind, wie mich dünkt, widersprüchlich und nicht ernst zu nehmen.«[25] Im Gegensatz zum vorkritischen »Sänger« der überkommenen Epen gibt also der Geschichtsschreiber das Überlieferte nicht mehr einfach weiter. Er setzt sich vielmehr damit auseinander und übernimmt damit selbst die Verantwortung für die Wahrheit dessen, was er berichtet.

Was von Hekataios – soweit wir erkennen können – mehr programmatisch ausgesprochen wurde, versucht der »Vater der Geschichtsschreibung« Herodot zu verwirklichen. Er gibt »eine Darlegung seiner Forschungen«[26] und versucht mit seiner kritischen

[25] Vgl. dazu W.F. Otto, Einleitung zu Herodots Historien (hrsg. von H.W. Haussig), Stuttgart ^{3}1963.

[26] I prooem.

Vernunft das Überlieferte in historisch Gesichertes, Ungesichertes und Unglaubwürdiges zu scheiden.

Einen gewissen Abschluß findet diese Tendenz zur Begründung einer kritischen Geschichtsschreibung bei Thukydides, der pointiert versichert: »Bei alledem wird man meine Darstellung der Ereignisse aufgrund der beigebrachten Beweise unbedenklich für glaubwürdiger halten dürfen als das, was Dichter mit poetischer Übertreibung davon gesungen, oder Logographen, um ihrer Erzählung größeren Reiz zu geben, wohl auch einmal auf Kosten der Wahrheit daraus gemacht oder an unglaubwürdigen und geradezu fabelhaften – μυθῶδες – alten Geschichten darüber zusammengetragen haben. Denn darauf kann man sich verlassen, daß ich, soweit das für jene alten Zeiten überhaupt möglich war, nur aus den besten Quellen geschöpft habe.«[27]

Sofern man in der Folgezeit auch Mythen in die Geschichtsschreibung aufnahm, tat man es im vollen Bewußtsein davon, daß zwischen diesen und der eigentlichen Geschichtsschreibung unterschieden werden müsse. Als klassisches Beispiel hierfür sei der Anfang des Livius zitiert: »Man gesteht es der alten Zeit zu, daß sie die Gründung von Städten erhabener macht, indem sie Menschliches und Göttliches zusammenspielen läßt.«[28]

Der Grund für die skeptische Zurückhaltung gegenüber den überlieferten Berichten, wonach Götter bei der Gründung von Städten oder auch anderen wichtigen Ereignissen mitgewirkt hätten, liegt jedoch weder in einer atheistischen Vorentscheidung der Autoren noch in der »Ungewöhnlichkeit« der überlieferten Vorgänge, sondern allein im Fehlen glaubwürdiger Zeugen bzw. Zeugnisse für diese Gegebenheiten. Dagegen war und ist auch die inzwischen kritische Geschichtsschreibung bereit, ungewöhnliche Ereignisse dann als geschehen anzuerkennen, wenn sie gut bezeugt sind.

So berichtet z.B. Tacitus in seinen Historien, daß Kaiser Vespasian nach anfänglichem Zögern in Alexandrien vor zahlreichen Zeugen einen Lahmen und einen Blinden geheilt habe: »Die Hand wurde sofort wieder gebrauchsfähig, dem Blinden aber leuchtete

[27] I 21.
[28] prooem.

das Tageslicht von neuem.« Tacitus schließt seinen Bericht mit der Beteuerung: »Die damals beides miterlebten, erzählen es heute noch, wo doch eine lügenhafte Darstellung keinen Gewinn mehr brächte.«[29] Die Anerkennung auch des Außergewöhnlichen, aber historisch gut Bezeugten als geschichtliches Geschehen gehört bis heute zu den Prinzipien der Geschichtsschreibung. So findet sich z.B. in dem als Standardwerk allgemein anerkannten »Grundriß der Römischen Geschichte« von Hermann Bengtson der Satz: »In Alexandrien hatte Vespasian einen Blinden und einen Lahmen geheilt.«[30]

Zusammenfassend kann festgestellt werden: Seit dem Wandel des Mythos-Begriffes und der damit verbundenen »Entlarvung« der überkommenen Mythen als im historischen Sinne unwahre Geschichten ergab sich die Notwendigkeit, zwischen Mythos und Historie zu scheiden. Im Gegensatz zum alten Mythos, der als heilige Tradition Glaubwürdigkeit beanspruchte, beruht die Glaubwürdigkeit der Historie darauf, daß die Richtigkeit ihres Inhalts grundsätzlich überprüft werden kann, indem die verschiedenen Quellen und Überlieferungen miteinander in Beziehung gesetzt werden. Insbesondere bei strittigen Fragen ist die Historie nunmehr bestrebt, ihre Glaubwürdigkeit durch Nennung von Augenzeugen oder Hinweise auf Quellen und Urkunden zu unterstreichen.

So nachweisbar die kritische Skepsis gegenüber der mythischen Überlieferung zur Trennung von Mythos und Geschichte führte, wobei die Geschichte unter bestimmten Gesichtspunkten gegenüber dem Mythos eine rational geläuterte Darstellung vergangenen Geschehens ist, so wenig kann die nunmehr anhebende Geschichtsschreibung im Hinblick auf eine wissenschaftliche Weltdeutung als allgemein anerkannte Erbin des Mythos betrachtet werden. In diesem Zusammenhang sei an die Formulierung des Xenophanes erinnert: »Alles haben Homer und Hesiod den Göttern zugeschrieben, was beim Menschen Schimpf und Tadel ist: stehlen, ehebrechen, einander betrügen.« Diesem Vorwurf stellt Xenophanes keineswegs eine im Sinne einer kritischen Geschichtsforschung ge-

[29] Tac. hist. IV 81; Tacitus weist also den Verdacht zurück, daß es sich um eine dem Kaiser schmeichelnde falsche Bezeugung handle.

[30] Hermann Bengtson, Grundriß der römischen Geschichte, 1. Band, München 1967, S. 316.

läuterte Darstellung göttlichen Handelns gegenüber, sondern eine eher philosophische Formulierung: »Es ist nur ein Gott unter Göttern und Menschen der Größte, weder an Gestalt den Sterblichen gleich noch an Gedanken.«[31]

5. Die Destruktion kritischen Denkens

Tatsächlich wird damals in Griechenland die mythische Deutung von Mensch und Welt, also eine Gesamtdeutung der Wirklichkeit, durch eine wissenschaftlich-philosophische Deutung verdrängt oder ersetzt. Das bedeutet selbstverständlich nicht, daß die alten Mythen grundsätzlich nicht mehr weiter erzählt und weiter überliefert wurden, sie werden jedoch im Sinne einer wahrheitsgemäßen Weltdeutung kaum noch ernstgenommen. An ihre Stelle treten philosophische Spekulationen, die weit über die abstrakten und negativen Aussagen des Xenophanes hinausgehen.

Die Neuorientierung des Denkens führte allerdings zunächst zu einer grundlegenden Krise der kritischen Rationalität, die sich zunehmend im rein Destruktiven zu erschöpfen drohte. Die immer konsequenter betriebene Kritik an überkommenen Deutungen von Welt und Mensch und an den entsprechenden Verhaltensgrundsätzen »hinterfragte« schlechthin alles, was bisher allgemein als heilig und unantastbar anerkannt wurde. Als Beispiel sei auf die heroische Parole verwiesen, daß man als Sieger oder als Toter, das heißt »mit dem Schild oder auf dem Schild« aus der Schlacht zurückkehren müsse, daß man also in keinem Falle den bei der Flucht hinderlichen Schild wegwerfen dürfe. Diese Weisung wurde nunmehr in einem Gedicht des Archilochos radikal in Frage gestellt. Nach einem Kampf gegen die thrakischen Saier bekennt er provozierend:

> Ein Saier wird angeben mit meinem Schilde,
> den ich gewiß nicht freiwillig beim Gebüsch zurückließ,
> das untadelige Stück!

[31] Vgl. oben.

Aber ich selbst bin so dem Tode entronnen.
Jener Schild mag im Eimer sein!
Einen neuen werd ich kaufen, der auch nicht schlechter ist!

Immer unübersehbarer begann das kritische Nachdenken über tradierte Auffassungen und Lebensordnungen eine ambivalente Dynamik zu entwickeln: Einerseits erfolgte, um bei den angeführten Beispielen zu bleiben, tatsächlich eine Korrektur unangemessener Gottesvorstellungen und eine Korrektur eines problematischen Ehrenkodexes. Andererseits blieb bei unentwegtem kritischem Weiterdenken kaum eine überlieferte Vorstellung und kaum irgendeine Ordnung, die sich nicht als fragwürdig bzw. hinterfragbar erwies. Das einmal in Gang gekommene kritische Denken entwickelte eine eigene Konsequenz und Dynamik, die letzten Endes alles aufzulösen begann. Hatten die einen zunächst unzulängliche Vorstellungen von den Göttern kritisiert, so gingen andere bald zur Frage über, ob es denn Götter überhaupt gäbe, und bezweifelten, daß sich darüber Gesichertes sagen lasse. Hatten einzelne zunächst bestimmte Einrichtungen und Handlungsweisen der Gesellschaft der Kritik unterworfen, so erschien bei konsequentem Weiterfragen schließlich die bestehende Ordnung insgesamt als »willkürlich« und weithin verdammenswert.

Die Kritik an allem erreichte ihren Höhepunkt, als man schließlich auch die eigenen Fähigkeiten zu überprüfen begann und bezweifelte, ob der Mensch überhaupt etwas sicher zu erkennen und zu behaupten vermöge. Dazu vertrat Gorgias aus Leontini, der zur Zeit des Perikles in Athen lehrte, seine berühmten drei Thesen: (1) Es ist nichts, und (2) wenn etwas wäre, so würde es unerkennbar sein, und (3) wenn etwas wäre und dieses erkennbar wäre, so wäre die Erkenntnis nicht mitteilbar.

Bei der Frage nach den Grundsätzen für Ethik und Politik suchten die damals führenden Denker, die »Sophisten«, konsequent zu unterscheiden zwischen menschlichen Konventionen und dem, was »von Natur« objektiv vorgegeben ist. Zunächst wandten sie sich gegen tradierte Ungleichheiten wie den Adel und die Sklaverei. Andere setzten sich auch für eine politische Gleichstellung der Frau ein. Bald jedoch ging man weit über solche konkreten Forderungen hinaus und stellte fest, das einzige nicht vom Menschen gesetzte, sondern wirklich von Natur vorgegebene Recht sei das Recht des Stärkeren. So nahm das zunächst heilsame kritische Denken, wo es sich um Konsequenz bemühte, schließlich destruktive Züge an. Daher sahen sich gerade verantwortungsbewußte Menschen zu der Frage gedrängt, ob die gewiß unzulänglichen überlieferten Vorstellungen und Gesellschaftsordnungen gegenüber den Ergebnissen des neuen kritischen Denkens nicht zumindest das relativ Bessere gewesen seien.

6. Orientierung durch Klärung der Begriffe

Die Überwindung der geistigen Krise erfolgte jedoch nicht durch eine Rückbesinnung auf »alte« Anschauungen und eine Rückwendung zu alten Verhaltensweisen, sondern durch offensive Auseinandersetzung mit den neuen Auffassungen. Entscheidender Ansatz dafür war das Wirken des Sokrates, der die Geschichte der klassischen abendländischen Philosophie einleitete. Seine Lehre ist jedoch schwer darstellbar, da er nichts Schriftliches hinterlassen, sondern nur mündlich gewirkt hat. Hierüber wissen wir vor allem von seinem Schüler Plato. Dieser hat sich allerdings mit seinem Lehrer so identifiziert, daß er in seinen »Dialogen« auch seine eigenen Gedanken dem Sokrates in den Mund gelegt hat. Daher ist es in manchen Fällen schwer zu entscheiden, ob dieser oder jener Gedanke mehr dem Sokrates oder mehr dem Plato zugeordnet werden muß.[32]

Angesichts der totalen Infragestellung objektiver Normen und Werte kam es Sokrates zunächst darauf an, geistig wieder festen Boden unter die Füße zu bekommen. Er war im Gegensatz zu den Sophisten davon überzeugt, daß es objektive Maßstäbe für sittliches Urteilen und Handeln gäbe. Im Gespräch suchte er nach allgemeinen Begriffen, die als Maßstab dafür dienen könnten. So fragte

[32] Vgl. hierzu auch die Einführung von Franz-Josef Weber zu der 6. Auflage von Platos Apologie des Sokrates UTB 57, Paderborn 1995.

er z.B. zu Beginn eines seiner Dialoge den Euthyphron, der seinen eigenen Vater vor Gericht gebracht hatte und diese Handlungsweise als »fromm« anerkannt haben wollte: »Ist nicht das Fromme in jeder Handlung ein und dasselbe? . . . Zeige mir auf, welches diese Gestalt (idea) ist! Denn dadurch kann ich dann, indem ich auf sie blicke und sie zum Muster nehme, diejenigen unter deinen oder eines anderen Handlungen, die so beschaffen sind, für fromm erklären.«[33]

Sokrates hoffte, durch klare begriffliche Bestimmung dessen, was einzelne Tugenden wie Frömmigkeit oder Gerechtigkeit sind, der heillosen Verworrenheit sophistischer Argumentation ein Ende zu bereiten. Soweit sich aus den von Plato überlieferten und gestalteten Dialogen erschließen läßt, gelang es Sokrates, die Fragwürdigkeit der sophistischen Positionen deutlich zu machen, indem er seine Gesprächspartner zwang, alle Konsequenzen ihrer Ansätze auszusprechen. Allerdings vermochte er es in vielen Fällen nicht, seine Gesprächspartner zur Aufgabe zu zwingen. In diesen Fällen können auch seine geistigen Widersacher ihre Positionen so durchhalten oder auch variieren, daß die Gespräche ohne endgültige Entscheidung enden.

Wenn Sokrates dennoch als der Überlegene ins Bewußtsein seiner Schüler und der Nachwelt eingegangen ist, gründet dieses Bewußtsein nicht allein in seiner Kunst intellektueller Beweisführung, durch die er seine Gegner zwar nicht immer zur Kapitulation, aber zumindest zum geistigen Offenbarungseid zwang, sondern vor allem darin, daß er durch sein gesamtes Leben und insbesondere durch seinen Tod für die Tragfähigkeit und Wahrheit seiner Seite einstand und dadurch seine Worte stärker und glaubhafter machte als die seiner Gegner.

So zeigt sich innerhalb der Philosophiegeschichte bereits bei Sokrates erstmals eine grundlegende Eigenart rationaler Diskussion: Solange rein intellektuell ohne Rückbezug zum tatsächlichen Leben argumentiert wird, lassen sich in vielen Fällen einander widersprechende Positionen durchhalten. Erst bei einer Rückkoppelung des intellektuellen Gesprächs an die konkrete Lebenserfahrung

[33] Platon, Euthyphron, 6d–7a.

und -wirklichkeit zeigt sich die Überlegenheit der angemessenen Position.

Die Art, wie Sokrates seine Begriffe gewann, entsprach der allgemeinen Vorgehensweise menschlichen Denkens. Wir gehen in unserem gesamten Denken stets von einem bereits vorhandenen Vorverständnis aus, das dann geklärt, d.h. bestätigt, korrigiert oder ergänzt wird. Auch Sokrates konnte bei seiner Argumentation nicht bei einem absoluten Nullpunkt beginnen: Der jeweilige Begriff mußte zunächst angesichts von Erfahrungen und Erscheinungen gewonnen und abgegrenzt werden; dann erst war er als definierter Begriff geeignet, die einzelnen Erscheinungen richtig einzuschätzen und zu beurteilen. Insofern waren die konkreten Erfahrungen und Erscheinungen einerseits Voraussetzung zur Bildung des Begriffs, andererseits jedoch wurden sie an diesem Begriff gemessen. In diesem Sinne enthielt die Argumentationsweise des Sokrates einen Zirkelschluß, der die Gefahr eines Kurzschlusses in sich barg.[34]

Der Sokrates-Schüler Plato erkannte, daß die Argumentationsweise seines Lehrers nur dann schlüssig ist, wenn es dem Menschen tatsächlich möglich ist, aus unvollkommenen Einzelfällen vollkommene Begriffe zu gewinnen. Bei seinen Überlegungen über diese Möglichkeit ging Plato von mathematischen Begriffen aus. Wie kann der Mensch den Begriff der Gleichheit, den Begriff des Kreises oder den des Quadrats bekommen, da er doch in der Realität niemals zwei in jeder Hinsicht völlig gleiche Gegenstände, niemals einen absolut exakten Kreis und niemals ein völlig genaues Quadrat vorfindet?

Plato beantwortete diese Frage mit seiner berühmten »Ideenlehre«. Er behauptete, daß die Seele des Menschen vor ihrem Eintritt in den Leib in einer Welt reiner Ideen gelebt habe, die durch höchste Vollkommenheit gekennzeichnet seien. An diese vollkommene Welt erinnere sich der Mensch jeweils zurück, wenn er etwas annähernd Gleiches, einen annähernd exakten Kreis oder ein annähernd vollkommenes Quadrat sieht. Gleiches gelte für Frömmig-

[34] Es handelt sich hier um die einfache Grundform des sogenannten hermeneutischen Zirkels. Vgl. hierzu grundlegend und umfassend: Hans-Georg Gadamer, Wahrheit und Methode, Tübingen [4]1975 (1960).

keit und Gerechtigkeit, das Schöne und das Gute und alle anderen Begriffe.

Durch diese Ideenlehre entstand eine Verdoppelung der Welt. Plato lehrte, daß es nicht nur die mit den Sinnen wahrnehmbare Welt, sondern darüber hinaus eine durch rückerinnerndes Denken erfaßbare vollkommene Welt der Ideen gäbe. In ihr sei letztlich alles auf die höchste Idee, die Idee des Guten, bezogen. Diese Welt war für Plato der Maßstab zur angemessenen Einschätzung der Erscheinungen und Vorgänge der mit Unvollkommenheit behafteten konkreten Welt.

Bei seinen gesamten Überlegungen sind für Plato mathematische Begriffe nicht nur Ausgangs-, sondern auch bleibender Orientierungspunkt. In aller Konsequenz versuchte er noch im hohen Alter, alle Ideen – bis hin zur Idee des Guten – mit Zahlen und Zahlenverhältnissen gleichzusetzen. In dieser Bindung an die Mathematik liegt eine Voraussetzung zum Verständnis der Ideenlehre, in dieser Bindung liegt jedoch, wie die weiteren Überlegungen zeigen werden, auch deren Problematik.

II. Welt- und Daseinsdeutung durch die klassische Metaphysik

1. Die klassische Metaphysik des Aristoteles

Die Schriften Platos sicherten dem Sokrates eine bleibende Wirkung in den kommenden Jahrhunderten, ja Jahrtausenden europäischer Geistesgeschichte. Damit war zugleich entschieden, daß Welt- und Daseinsdeutungen, die den Anspruch auf Wahrheit erhoben, von nun an einer rationalen Begründung bedurften. Das bedeutete zugleich eine Tendenz zu in sich abgerundeten und allgemein vermittelbaren Weltdeutungen. Diese Tendenz fand einen ersten Niederschlag in den Werken des Aristoteles.

Wenn wir heute von den Werken des Aristoteles sprechen, sollten wir uns allerdings bewußt sein, daß diese »Werke« eine eigene Geschichte haben, daß sie also keineswegs in der uns vorliegenden Form unmittelbar von Aristoteles niedergeschrieben wurden. Soweit wir erkennen können, hat Aristoteles selbst im allgemeinen am Morgen in einem engen Kreis von Schülern gelehrt und dabei an sich und seine Zuhörer hohe intellektuelle Anforderungen gestellt. Abends sprach er dann für ein breiteres Publikum, auf das er sich auch in der Art seines Vortrags einstellte. Diese Abendvorträge wurden zunächst von ihm selbst herausgegeben, gingen jedoch fast alle verloren. Die streng philosophischen Darlegungen des Vormittags blieben im Kreis seiner Schüler. Sie wurden von diesen formuliert und inhaltlich gesichert. Nach wechselvollen Schicksalen kamen diese Schriften insgesamt etwa im Jahre 100 v.Chr. nach Athen zurück. Hier fielen sie – bei der Einnahme der Stadt durch Sulla im Jahre 86 v.Chr. – in die Hände der Römer. Erst jetzt wurden sie systematisch neu geordnet und um die Mitte des ersten vorchristlichen Jahrhunderts der Öffentlichkeit zugänglich gemacht. Auf dieser Herausgabe beruht die weitere Überlieferung bis in die Gegenwart.

Zu den Schwierigkeiten, die sich aus der Überlieferungsgeschichte ergeben, kommt noch hinzu, daß Aristoteles selbst im Laufe seines Lebens eine geistige Entwicklung durchgemacht hat und dabei auch Korrekturen früherer Auffassungen vornahm. Auch diese persönliche Entwicklung muß mitbedacht werden, wenn man Aristoteles verständnisvoll zu zitieren sucht. Trotz dieser Schwierigkeiten und Einschränkungen bildet das Werk des Aristoteles geistesgeschichtlich insgesamt eine Einheit und hat als solche auf die kommenden Jahrhunderte gewirkt. Bei den folgenden Darlegungen geht es vor allem um diesen in seiner Wirkung weithin in sich stimmigen Aristoteles.

Obgleich sich Aristoteles mit Dank als Schüler zu Plato bekennt, lehnt er dessen Auffassungen in wichtigen Punkten ab: er sei der Wahrheit mehr verpflichtet als seinem Lehrer. Insbesondere fand er sich mit der Verdoppelung der Welt in eine Welt reiner Ideen und eine Welt konkreter Gegebenheiten nicht ab. Im Gegensatz zu Plato versichert er, daß die Ideen nicht losgelöst von den realen Gegenständen existieren. Vielmehr seien *in* den konkreten Erscheinungen jeweils bestimmte Wesensstrukturen verwirklicht. Diesen Gedanken verdeutlicht er am Beispiel eines Standbildes. Es wird von einem Künstler bzw. Kunsthandwerker jeweils nach einer bestimmten Idee geschaffen. Diese für das Standbild wesentliche Idee prägt seine Form.

Das einzelne konkrete Standbild verdankt seine Erscheinung jedoch nicht nur dieser Idee, sondern auch dem jeweiligen Stoff, den der Künstler bei seiner Formgebung benutzt. Daher sind keineswegs alle Standbilder, die der Kunsthandwerker nach der gleichen Idee schafft, absolut gleich. Die jeweiligen Tönungen, Poren und sonstige Besonderheiten des Steins, Tons oder Holzes geben vielmehr dem konkreten Standbild sein jeweils besonderes Gepräge. Aufgabe des verständnisvollen Betrachters ist es, in dem konkreten ihm vorliegenden Standbild die Idee des Künstlers in ihrer von den Zufälligkeiten des Materials unbeeinträchtigten Vollkommenheit zu erkennen.

Vor der gleichen Aufgabe steht – nach der Überzeugung des Aristoteles – der Mensch bei der Betrachtung der konkreten Gegenstände der Welt. Er begegnet ihnen zwar in je eigenen Ausprägungen, die durch die Materie bzw. den Stoff, aus dem sie bestehen, hervorgerufen werden. Aber er soll in ihnen die Ideen bzw. Wesenheiten erkennen, die ihnen zugrundeliegen und sprachlich jeweils im Begriff gefaßt sind. Bei dieser Akzentuierung der Ideenlehre wird somit die im Begriff erfaßbare Idee oder Wesenheit faktisch gleichbedeutend mit dem Allgemeinen, das allen seinen konkreten Ausprägungen zugrundeliegt. Dementsprechend kann nach der Lehre des Aristoteles von einem verständnisvollen Betrachter z.B. die Idee des Pferdes in jedem konkreten Pferde erkannt werden, obgleich keines von ihnen diese allgemeine Wesenheit in ihrer ungeschmälerten Vollkommenheit verkörpert.

Das bedeutet gegenüber Plato einerseits eine Aufwertung des Konkreten, da nun in ihm und nicht in einer eigenen Welt der Ideen das Wesentliche verwirklicht und erkennbar ist. Andererseits jedoch bleibt auch bei dieser Konzeption die im Begriff faßbare Idee das Kriterium, an dem die jeweilige Qualität der konkreten Wirklichkeit gemessen wird. In dieser Hinsicht besteht zwischen der Auffassung Platos und der des Aristoteles kein Unterschied.

Die Unterscheidung zwischen Form und Stoff ist nach Aristoteles für das Verständnis der Welt insgesamt von entscheidender Bedeutung. Alle Erscheinungen der Wirklichkeit werden dieser Unterscheidung gemäß in ihrem Seinsrang gewertet, dem jeweils auch der wissenschaftliche Rang entspricht.

Die Rangordnung der Erscheinungen und die ihr entsprechende der Wissenschaften ergibt sich also daraus, daß die konkreten Gegenstände keine reine Verwirklichung ihrer Idee bzw. Wesenheit sind, sondern vieles enthalten, was als zufällige Folge ihres materiellen Stoffes betrachtet werden muß und daher wissenschaftlich nicht erfaßt werden kann. Dieser Anteil des »Unwesentlichen« und wissenschaftlich nicht Erfaßbaren ist jedoch keineswegs in allen Wirklichkeitsbereichen gleich groß. Idealtypisch schematisiert, steht in der von Aristoteles begründeten Rangordnung am unteren Ende des Seins die – freilich empirisch tatsächlich nicht vorfindliche – absolut zufällige und formlose Materie und am oberen Ende die durch keinerlei materielle Zufälligkeit geminderte reine Form. Da dieser als dem Vollkommenen alles Seiende zustrebt, ist sie zugleich der göttliche »unbewegte Beweger« der Welt.

2. Das aristotelische System der Wissenschaften

Da der Ordnung des Seins die Rangordnung der Wissenschaften entspricht, ergibt sich für diese ein Gesamtsystem, das schematisiert folgendermaßen aussieht:

System der Wissenschaften:

1. Theoretische Philosophie (Lehre vom Sein)
   a) Metaphysik = Theologie[35]
   b) Mathematik (Arithmetik, Geometrie, Astronomie, Musik)
   c) Physik (Lehre von der Natur)
2. Praktische Philosophie (Lehre vom Handeln)
   a) Politik (Ordnung des Staates)
   b) Oekonomik (Ordnung der kleinen Gemeinschaften, insbesondere der Hausgemeinschaft)
   c) Ethik (Verhalten des einzelnen)
3. Poetische Philosophie (Lehre vom Schaffen)
   a) Dichtkunst
   b) Bildende Künste
   c) artes illiberales (werkschaffende Verfahren)

Wie dieses System zeigt, kennt Aristoteles keinen Unterschied zwischen Wissenschaft und Philosophie. Bezeichnenderweise werden von ihm und späteren Denkern zuweilen auch die Einzelwissenschaften als Philosophien bezeichnet.[36]

Die drei großen Teile des Systems der Wissenschaften sind aufeinander bezogen, da das seinsgerechte Handeln als das richtige Handeln gilt und da alles menschliche Schaffen abbildhaft das Sein widerspiegeln soll.

Aber auch die Unterabteilungen sind wohl durchdacht. In der

[35] Metaphysik E, 1026a, 19.

[36] Unter den göttlichen Dingen, mit denen sich die theoretische Philosophie, die von Aristoteles im allgemeinen als »Erste Philosophie« bezeichnet wird, befaßt, gehört die Lehre von den Fixsternen und den Himmelskörpern, aber auch die Vernunft des Menschen als das Göttliche, das in uns ist. Letzten Endes geht es der »Ersten Philosophie« darum zu erforschen, was der Anfang und der Grund dafür ist, daß das Seiende existiert.

Lehre vom Sein ist die Physik die rangniedrigste Wissenschaft; sie wendet sich den wechselnden Verbindungen der nach Auffassung des Aristoteles vier Elemente - Wasser, Feuer, Erde, Luft[37] - zu, in denen es vieles Unvollkommene und Zufällige gibt, das sich wissenschaftlich nicht fassen läßt. Diese Zufälligkeiten schwinden jedoch in den durch die Mathematik erfaßbaren himmlischen Regionen, in denen die Sterne in reinen Kreisbewegungen allgemeinen großen Gesetzen folgen. Und alles Zufällige ist schließlich ausgeschlossen in der mit der Theologie identischen Metaphysik, die sich den begründenden und übergreifenden allgemeinen Ideen und damit letztlich dem das Ganze in Gang haltenden ewigen unbewegten göttlichen Beweger alles materiellen Seins zuwendet.

Die Lehre vom Handeln fragt nach dem rechten Tun des einzelnen, nach seiner Stellung innerhalb der Gemeinschaften und nach der richtigen Einrichtung dieser Gemeinschaften selbst. Daraus ergibt sich wiederum eine Rangordnung: Denn beim sittlichen Handeln des einzelnen spielt die konkrete Situation, die weithin durch Zufall gekennzeichnet wird, eine große Rolle. Bei der Gestaltung der einzelnen Gemeinschaften ist bereits ein höherer Grad von Situationsunabhängigkeit erreicht. Und bei der Ordnung des Staates schließlich sind die allgemeinen Prinzipien bzw. Gesetze in höchstem Maße bestimmend.

Die Lehre vom Schaffen schließlich enthält das Wissen und die Anleitung zur Herstellung von Sachen oder zur Bewältigung von Situationen; also die Regeln, nach denen Dramen und Epen zu gestalten seien, Lehren über die richtigen Proportionen, Farbzusammenstellungen und die maltechnischen Rezepturen sowie auch die Grundsätze, nach denen das Handwerk, die Heilkunst, die Schifffahrt und andere vorzugehen haben. Da das Allgemeine zugleich das wissenschaftlich am klarsten Bestimmbare ist, läßt sich in allen Bereichen der wissenschaftliche Rang klar bestimmen und die entsprechende Wissenschaft in das Schema einordnen: In den handwerklichen Künsten und werkschaffenden Verfahren ist die Abhängigkeit von den Zufälligkeiten des je benutzten Materials am

[37] Auf das besondere Problem des Äthers braucht hier nicht eingegangen zu werden.

größten. In den bildenden Künsten zeigt sich bereits ein größeres Übergewicht der Form über die Materie, und in der Dichtkunst schließlich ist die größte Unabhängigkeit von der Zufälligkeit des »Materials« erreicht.

Im Hinblick auf die weiteren Überlegungen sind folgende zusammenfassende Feststellungen von besonderer Wichtigkeit:

1. Für Aristoteles ist das in den Einzeldingen realisierte Allgemeine zugleich das Wesentliche. Die Wissenschaft wendet sich diesem im jeweiligen Begriff faßbaren Allgemeinen bzw. Wesentlichen zu. Begriffliche Klärung ist daher der Angelpunkt jeder wissenschaftlichen Erkenntnis.

2. Vom konkreten einzelnen gibt es wissenschaftliche Erkenntnis nur, soweit dieses Einzelne die Verwirklichung eines Allgemeinen ist. Dagegen kann es von dem im Einzelnen antreffbaren Besonderen keine Wissenschaft geben. Daraus folgt die Überzeugung: individuum est ineffabile.

3. Das allgemein und gesetzmäßig nicht erfaßbare Besondere wird somit zwangsläufig als das Zufällige, die allgemeine Ordnung eher Beeinträchtigende und wissenschaftlich nicht Erfaßbare abgewertet. Nach einer möglichen positiven Bedeutung des Besonderen wird nicht gefragt.

3. Das überspielte Problem der Zeit

Somit ist es kein Zufall und keineswegs unbeabsichtigt, daß die Geschichtswissenschaft im Schema des Aristoteles nicht auftaucht. Aristoteles bezeichnet ausdrücklich die Dichtkunst als »eine philosophischere und ernstere Tätigkeit als die Geschichtsschreibung; denn die Poesie richtet sich mehr auf das Allgemeine, während die Geschichtsschreibung das Einzelne erzählt«.[38] Daher hat die Dichtkunst bei Aristoteles den Charakter einer Wissenschaft, die Geschichtsschreibung jedoch nicht. Der Sinn für die Bedeutung des

[38] Aristoteles Hauptwerke, ausgewählt, übersetzt und eingeleitet von W. Nestle, Kröners Taschenausgabe Bd. 129, Stuttgart 1963, S. 350f., »Poetik«.

in der Zeit Einmaligen, Erstaunlichen und Unwiederholbaren fehlt bei ihm fast völlig.

Einer der tieferen Gründe für diesen Mangel ist die Verkennung der Zeit und ihrer Bedeutung für die Struktur der Wirklichkeit. Nach Überzeugung des Aristoteles, der sich auch hierin von Plato[39] unterscheidet, ist die Welt als Kosmos im Sinne des vorsokratischen Denkens ungeworden und unvergänglich, »weil ein so herrliches Werk nicht auf Grund eines neu gefaßten Entschlusses seinen Anfang genommen haben kann, und sie ist nach allen Seiten so vollkommen, daß keine Kraft . . . zustandekommen kann, wodurch jemals der Zerfall oder der Untergang dieses Weltenbaues herbeigeführt werden könnte«.[40]

Diese Grundauffassung von der Welt steht im Einklang mit unseren unmittelbaren Erfahrungen: Die Welt erscheint stabil. Die Gestirne bewegen sich »in immer gleichen« Bahnen. Ihr verläßlicher Auf- und Untergang ist daher geeignet, Jahre und Tage zu berechnen.

Der Auffassung von der immer gleichen zeitlichen Ordnung des Kosmos entspricht auch die Lehre von der Konstanz der Arten. Aristoteles ist davon überzeugt, daß die Arten der Pflanzen und Tiere über die Zeit hinweg so erhalten bleiben, wie sie sind.[41] Das einzelne Exemplar habe dadurch Anteil am Ewigen, daß es Repräsentant einer Art ist und diese über die Zeit hinweg weitergibt. Auch diese Überzeugungen entsprechen den unmittelbaren Erfahrungen, die auch wir machen: Pflanzen und Tiere bringen »stets« Exemplare der gleichen Art hervor.[42]

Entgegen den unmittelbaren Erfahrungen behauptet Aristoteles allerdings, auch die Menschheit habe keine wirkliche Geschichte, sondern unterliege nur zyklischen Veränderungen, die den ewigen

[39] Vgl. Timaios, dessen Deutung freilich umstritten ist.

[40] Aristoteles, ebd., »Über Philosophie«, S. 30.

[41] Allerdings muß darauf hingewiesen werden, daß Aristoteles hin und wieder auch Bemerkungen gemacht hat, die mit dieser Grundauffassung nicht im vollen Einklang stehen.

[42] Zur gesamten Problematik der Entwicklungslehre nach dem heutigen Erkenntnisstand vgl.: Georg Masuch / Hugo Staudinger, Geschöpfe ohne Schöpfer? – Der Darwinismus als biologisches und theologisches Problem, Wuppertal 1987.

Bewegungen des Kosmos vergleichbar seien. Von Zeit zu Zeit werde in einer Katastrophe die Menschheit nahezu vernichtet, und die wenigen Überlebenden müßten mit der Entwicklung der Kultur neu beginnen.

Eine individuelle Unsterblichkeit spricht Aristoteles dem Menschen nicht zu, da auch bei ihm die jeweilige Individualität durch die »Materie«, also durch seine leiblichen Besonderheiten hervorgerufen werde. Diese durch den Körper bedingte Individualität gehe mit dem Tode unter. Anteil am Ewigen und in diesem Sinne »Unsterblichkeit« habe der Mensch allein durch die sein Wesen prägende überindividuelle Vernunft.

So wird bei Aristoteles das ewige Sein in keinem Bereich durch echte Zeitlichkeit in Frage gestellt. Es gibt keine einmaligen und unwiderruflichen Veränderungen durch irreversible Entwicklungen und personale Entscheidungen. Alle Veränderungen beruhen vielmehr auf zyklischen Abläufen mit einer ewigen Wiederkehr des Gleichen.

4. Die Spannung zwischen begrifflichem Denken und konkreter Wirklichkeit

Die Problematik der mit Hilfe begrifflichen Denkens entwickelten Metaphysik besteht in ihrem Verhältnis zur Wirklichkeit. Plato war sich der Schwierigkeit, dieses Verhältnis zu klären, voll bewußt. Daher unterschied er scharf zwischen dem Reich der reinen Ideen und der konkreten Wirklichkeit. Die Priorität der Ideen und ihre höhere Vollkommenheit gegenüber der Wirklichkeit begründete er mit Beispielen aus der Mathematik. Diese Begründung ist in sich konsequent und überzeugend: Jeder Kreis, den ein Lehrer oder Schüler an eine Tafel malt, ist unvollkommen. Vollkommen dagegen ist nur der durch den Begriff beschriebene Kreis, der alle Punkte umfaßt, die auf einer Ebene von einem Mittelpunkt die gleiche Entfernung haben. Ein »realer« Kreis ist um so vollkommener, je näher er der Definition des Kreises bzw. seiner Idee kommt.

Die Gleichheit, die in der gesamten Mathematik vorausgesetzt wird, ist in der Realität schlechthin nicht vorzufinden. Sie gilt jedoch absolut vollkommen im Reiche der Zahlen und der geometrischen Gebilde. Es war daher konsequent, daß Plato sich mit zunehmendem Alter bemühte, alle Ideen bis hin zur Idee des Guten mit Zahlen und Zahlenverhältnissen gleichzusetzen. Und es war auch konsequent, daß er an der Kluft zwischen der Welt der Ideen und der realen Welt festhielt. Ob es zum angemessenen Verständnis der Wirklichkeit optimal bzw. ob es in diesem Sinne realistisch war, ist eine andere Frage.

Wie dargelegt wurde, suchte der in dieser Hinsicht »realistischere« Aristoteles, die Kluft zwischen Ideen und Wirklichkeit zu überwinden, indem er erklärte, daß die Ideen jeweils *in* den realen Dingen verwirklicht seien und *in diesen* gesucht werden müßten. Allerdings ist auch seine Konzeption nur dann überzeugend, wenn man sich darauf einläßt, das von ihm gebrachte Beispiel zu verallgemeinern.

Selbstverständlich hat er darin recht, daß im kunsthandwerklichen Bereich der Künstler unter Umständen schon vor Beginn seiner Arbeit eine vollkommene Idee des geplanten Werkes hat, die er dann verwirklicht. Allerdings - das sei zumindest am Rande vermerkt - sprechen die Aussagen vieler Künstler gegen diese Erklärung: Sie versichern, daß ihre Werke erst im Laufe ihres Wirkens Gestalt gewinnen. Aber auch abgesehen von solchen Einwänden ist es eine offene Frage, ob sich die konkrete Wirklichkeit mit dem von Aristoteles gebotenen Modell zutreffend verstehen läßt. Zumindest bleibt ungeklärt, wer denn z.B. »die Idee des Pferdes« gehabt hat, bevor es Pferde gab. Die spätere mittelalterliche Philosophie hat diese Frage zu beantworten versucht. Sie versicherte, die jeweiligen Ideen seien vor der Schöpfung im Geist Gottes vorhanden gewesen. Damit entstehen jedoch schwierige Fragen zur Schöpfungstheologie: Ist die Schöpfung nur eine materielle Realisierung dessen, was schon immer im Geiste Gottes genauso vorhanden war, oder bezieht sich die lebendige Schöpferkraft Gottes auch auf die in der Schöpfung verwirklichten Ideen?

Bezeichnenderweise gibt auch Aristoteles selbst zu, daß sich die Unterscheidung zwischen Form und Stoff, die er ja zur Interpretation der Wirklichkeit vornimmt, in der vorgefundenen Wirklichkeit nur rein gedanklich vornehmen läßt, da in den konkreten Gebilden - also z.B. in einem lebendigen Pferd - Form und Stoff jeweils untrennbar miteinander verbunden sind.

All diese Überlegungen zeigen, daß auch nach der denkerischen Leistung, die Aristoteles unbestreitbar vollbracht hat, viele Fragen offen sind. Insbesondere bleibt das Verhältnis zwischen der Welt der begrifflich faßbaren Ideen und der realen Welt mit ihren konkreten Gegenständen in vieler Hinsicht ungeklärt.

5. Die Weiterentwicklung der Metaphysik nach Aristoteles

Aristoteles selbst hat offensichtlich seine Metaphysik für den wichtigsten Teil allen Philosophierens gehalten. Diese Auffassung setzte sich jedoch in der Folgezeit keineswegs allgemein durch. Das gilt schon für Theophrast, dem Aristoteles seine Schriften übergeben und den er zu seinem Nachfolger bestimmt hatte. Dieser bemühte sich - in Aufnahme aristotelischer Gedanken - zwar *auch* um die Metaphysik und nahm einige kleinere Korrekturen vor. Eine grundlegende Weiterentwicklung bedeutete das jedoch nicht. Noch weniger bemühten sich die übrigen Schüler des Aristoteles um eine Fortentwicklung der metaphysischen Konzeption. Sie nahmen vielmehr von dem breiten Spektrum der aristotelischen Hinterlassenschaft schwerpunktmäßig andere Themen auf.

Das gleiche gilt für die Philosophie insgesamt, die neben der Akademie Platos und den unter dem Stichwort Peripatetiker zusammengefaßten Schülern des Aristoteles die Schulen der Stoiker und Epikureer sowie eine Reihe kleinerer Gemeinschaften und einzelne Persönlichkeiten umfaßte. Die intensivsten Bemühungen galten vor allem ethischen Fragen. Es ging um die angemessene Gestaltung des Lebens des einzelnen und des Zusammenlebens in den verschiedenen Gemeinschaften. Eine durchlaufende systematische Bemühung um die Weiterentwicklung der Metaphysik hat es dagegen nicht gegeben.

Eine umfassende kritische Würdigung der Denkanstrengungen

der folgenden Jahrhunderte ist allerdings schwierig, da viele Schriften aus dieser Zeit verlorengegangen oder nur auf indirektem Wege rekonstruierbar sind. In dieser Hinsicht ist die Überlieferungsgeschichte der aristotelischen Schriften symptomatisch für die gesamte Entwicklung der weiteren Philosophie.

Trotz dieser eher negativen oder zumindest recht vorsichtigen Feststellungen läßt sich im Hinblick auf die weiteren metaphysischen Bemühungen allerdings eine Tatsache feststellen, die in den meisten Darstellungen wenig beachtet und kaum ausdrücklich zur Kenntnis genommen wird: Das von der klassischen Philosophie entwickelte Substanz-Akzidenzien-Modell wurde in der einen oder anderen Variante letztlich von *allen* philosophischen Strömungen übernommen und nicht kritisch in Frage gestellt.

Der tiefere Grund dafür liegt wahrscheinlich darin, daß dieses Modell »auf den ersten Blick« für ein angemessenes Wirklichkeitsverständnis in höchstem Maße hilfreich erscheint: Auf die Frage »Was ist das?« antwortet der unbefangene Mensch normalerweise mit einem als Substantiv erscheinenden Begriff. Also z.B. ein Stein, eine Pflanze, ein Pferd und dergleichen mehr. Beim Versuch einer näheren Kennzeichnung treten dann zumeist Adjektive oder andere attributive Bestimmungen zu dem Substantiv hinzu. Das heißt: In der Verständigung des Alltags wird unreflektiert fast durchweg das Substanz-Akzidenzien-Modell benutzt.

Daher ist nicht verwunderlich, daß man auch beim reflektierenden philosophischen Denken zumeist mit einer Klärung der Begriffe beginnt und dann zu dem jeweils anstehenden Begriff in einer weiteren Stufe näher kennzeichnende Attribute als Akzidenzien hinzunimmt. Insgesamt haben wir infolge dieses verständlichen Vorgehens in den folgenden Jahrhunderten zwar eine Differenzierung der Philosophie nach verschiedenen inhaltlichen Schwerpunkten und nach verschiedenen »Schulen«, jedoch eine erstaunliche Einheit in der gemeinsamen Übernahme des Substanz-Akzidenzien-Modells.

Der Zusammenschluß der gesamten Kulturwelt des Mittelmeerraums im Römischen Reich bedeutete geistesgeschichtlich für die griechische Philosophie zugleich die Chance einer Ausbreitung über diese gesamte »antike Welt«. Diese Chance konnte voll genutzt werden, da in den Provinzen des Römischen Reiches neben den rein lokalen Sprachen, die in großer Zahl weiter gepflegt wurden, als übernationale Kommunikationsmittel das Lateinische und vor allem das Griechische dienten.

Im gesamten Reichsgebiet gehörte es zur gehobenen Allgemeinbildung, Latein und Griechisch zu sprechen und Grundelemente der griechischen Bildung zu kennen. Weite Teile des römischen Reichsgebietes würden wir heute - entsprechend unseren Sprachgewohnheiten - als »multikulturell« bezeichnen. Das gilt nicht zuletzt für den vorderasiatischen Raum, in dem Jesus Christus wirkte. Es ist also kein Zufall, daß in dessen Gespräch mit Pontius Pilatus auch der Begriff der »Wahrheit« - ein Schlüsselbegriff der Popularphilosophie - eine wichtige Rolle spielt.

Im allgemeinen Bewußtsein bestand auch der von Aristoteles in der Metaphysik anerkannte enge Zusammenhang zwischen religiösen bzw. theologischen Fragen und philosophischen Bemühungen weiter. Dies gilt insbesondere für die Stoa. Die von ihr primär betriebene Ethik wurzelt in theologischen Überzeugungen. Auch im offiziellen Staatskult, der auf Dauer vor allem im Kaiseropfer seinen Ausdruck fand, verbanden sich philosophische und religiöse Grundüberzeugungen. Dabei war für die religiöse Komponente ein Höchstmaß an Toleranz gewährleistet, da sich das religiös verbindliche Bekenntnis eng beschränkte. Der loyale Staatsbürger mußte - unabhängig von seinen persönlichen religiösen Überzeugungen - durch seine Beteiligung am Kaiseropfer nur anerkennen, daß die Gottheit - wer sie auch sein mochte - auf Erden nirgends präsenter sei als in der Person des Kaisers.

Wie auch diese Hinweise zeigen, spielte in der Lebenswirklichkeit des römischen Kaiserreiches eine Metaphysik, wie sie Artistoteles einst als wichtigsten Bestandteil seiner Philosophie entwickelt hatte, keine entscheidende, das heißt keine das Leben prägende Rolle.

6. Die Offenbarung des Alten Testaments als Alternative zur griechischen Metaphysik

Zu den das Denken der gebildeten Elite beherrschenden griechischen Welt- und Daseinsdeutungen und den aus ihr entwickelten Verhaltensanweisungen gab es schon früh eine Alternative: Die in den alttestamentlichen Schriften niedergelegten Überzeugungen Israels und des jüdischen Volkes. Auch hierbei handelt es sich um eine umfassende Daseinsdeutung, die die drei Komponenten der metaphysischen Frage einschließt: (1) Die Frage nach einem angemessenen Verhältnis zu Gott, (2) eine Deutung des Menschen und (3) eine Deutung der Welt.

Diese umfassende metaphysische Konzeption erfolgt jedoch im Gegensatz zur griechischen Philosophie bzw. Metaphysik nicht in der Form begrifflicher Darlegungen, sondern in narrativen Auskünften. Bezeichnenderweise heißt schon der erste Satz der Genesis nicht: »Gott ist der Schöpfer Himmels und der Erde«, sondern statt dessen: »Im Anfang schuf Gott Himmel und Erde.« Auch die Deutung des Menschen erfolgt nicht in anthropologischer Begrifflichkeit, sondern indem erzählt wird, wie Gott den Menschen schuf.

Für das Selbstverständnis des Menschen ist nach der Überzeugung des Alten Testaments sein Verhältnis zu Gott ausschlaggebend. Dabei nimmt das jüdische Volk insofern eine Sonderstellung ein, als Gott mit ihm einen Bund schließt, der wiederholt erneuert wird. Der bleibende Grund für diese Sonderstellung liegt darin, daß von den Juden als einziger Gott der Gott verehrt wird, der Himmel und Erde geschaffen hat, und daß die Juden das einzige Volk sind, das ausschließlich diesen Gott verehrt.

Dadurch entsteht jedoch keine in jeder Hinsicht strenge Exklusivität. So sehr die Juden im Alten Testament als das »auserwählte Volk« Gottes eine Sonderrolle spielen, so wenig ist der Heilswille und das Heilswirken des allmächtigen Schöpfergottes auf die Juden beschränkt. Vielmehr finden sich im Alten Testament zahlreiche Hinweise auf einen allgemeinen Heilswillen Gottes, der *allen* Völkern gilt und dessen erdumspannende Realisierung für die Zukunft erwartet wird.

Angesichts dieser über das eigene jüdische Volk hinausgehenden Welt- und Daseinsdeutung nahmen geistig führende Juden schon früh das Gespräch auch mit der griechisch geprägten Welt auf. Diese Begegnungen wurden durch die gesamte Weltlage gefördert. Das den Juden verheißene und schließlich von ihnen besiedelte Land lag im Schnittpunkt babylonischer, ägyptischer und schließlich griechischer Einflüsse. Es war vorübergehend in das Weltreich Alexander des Großen einbezogen und wurde in späterer Zeit von den Römern regiert. Die geistig führenden Repräsentanten der Juden beherrschten neben ihren eigenen Dialekten durchweg die griechische Weltsprache und später zum Teil auch das Lateinische.

Besonders intensiv war der geistige Austausch in der in vieler Hinsicht weltoffenen Stadt Alexandria. Vor allem hier wurden Teile des Alten Testaments schon früh ins Griechische übersetzt. Vermutlich lagen griechische Übersetzungen der fünf Bücher Moses bereits in der ersten Hälfte des 3. Jahrhunderts vor. Bis spätestens 130 v.Chr. waren fast alle alttestamentlichen Schriften in der sogenannten »Septuaginta« jedem Gebildeten zugänglich. Nach einer Legende ging der Anstoß zur Übersetzung von dem ägyptischen König Ptolemaios II. Philadelphos[43] aus.

Wie früh der geistige Austausch zwischen jüdischem und griechischem Denken erfolgte, zeigt sich nicht zuletzt auch darin, daß die sogenannten Apokryphen unübersehbar griechische Einflüsse erkennen lassen. Bezeichnenderweise finden sich diese Bücher zwar in der Septuaginta, wurden jedoch später von den Juden in den offiziellen Kanon des Alten Testaments nicht aufgenommen.[44] In ihnen befinden sich zahlreiche philosophisch formulierte Aussagen über Gott und sein Wirken. Sogar wörtliche Zitate aus ägyptischen Weisheitsschriften wurden übernommen.[45]

Aber auch das Hauptinteresse der jüdischen Autoren erhielt unter dem Einfluß einschlägiger Schriften des alten Orients eine neue Akzentuierung. Den in Alexandria lebenden Weisen Israels geht es nicht mehr primär »um die Geschichte und die Zukunft ihres

[43] 285–246 v.Chr.

[44] Dieser Kanon entstand im 1. Jh. v. und im 1. Jh. n.Chr.

[45] Vgl. hierzu die Einleitung zu den Weisheitsbüchern in der Jerusalemer Bibel.

Volkes«, sondern sie wenden sich »wie ihre orientalischen Kollegen ... dem Geschick des *einzelnen Menschen* zu«.[46] Dieses Geschick des Einzelnen sehen sie allerdings im Lichte ihres Glaubens an Jahwe, von dem alle Gerechtigkeit und Weisheit ausgeht. Daraus ergeben sich wichtige Konsequenzen:

1. Wahre Weisheit wird mit Gerechtigkeit und Gottesfurcht identisch. Die von Gott verliehene Weisheit ist nach der Überzeugung der Repräsentanten Israels jeder rein weltlichen Weisheit überlegen. Daher versichern sie z.B.: »Und Jahwe verlieh dem Salomon sehr hohe Weisheit und Einsicht und eine Weite des Herzens gleich dem Sand des Ufers am Meere, so daß Salomons Weisheit die Weisheit aller Morgenländer und sogar alle Weisheit Ägyptens übertraf.«[47]
2. Die Frage nach der Gerechtigkeit Gottes wird neu akzentuiert. Es geht nicht mehr primär um die mehr oder weniger kollektive Treue des Volkes zum Bund mit Jahwe und um dessen Treue zu seinem Volk, sondern um den einzelnen Menschen. Das hat noch weitere wichtige Konsequenzen:
3. Wie die Erfahrung dem unvoreingenommenen Betrachter zeigt, wird der Gerechte keineswegs in *jedem* Falle von Gott so begünstigt, daß die Dinge in diesem Leben »aufgehen«. Daher wird – vermutlich unter dem Einfluß platonischen Denkens, jedoch zugleich mit dem Blick auf den Schöpfungsbericht der Genesis – der Gedanke der Unsterblichkeit und einer jenseitigen Vergeltung formuliert: »Gott hat ja den Menschen zur Unverweslichkeit erschaffen und ihn zum Abbild seines eigenen Wesens gemacht. Durch den Neid des Teufels aber ist der Tod in die Welt gekommen, und die ihm angehören, werden ihn erfahren. Die Seelen der Gerechten aber sind in Gottes Hand, und keine Qual kann sie berühren.«[48]

So zeigt die Entwicklung insgesamt: Die im Alten Testament niedergelegten jüdischen Überzeugungen erschienen zwar zunächst

[46] So formuliert die »Jerusalemer Bibel« in der Einleitung zu den Weisheitsbüchern.
[47] 1. Kön. 5,9f.
[48] Weish. 2,23–3,1.

als eine Alternative zu den kritischen Bemühungen der griechischen Philosophen. Zunehmend jedoch eröffneten geistige Anregungen zwischen beiden neue Möglichkeiten für künftige metaphysische Interpretationen von Welt und Mensch.

Dieser geistige Austausch bedeutete zugleich eine Erweiterung der Argumentationsbasis zur Beantwortung metaphysischer Fragen. Neben die intellektuelle Argumentation, wie sie von der griechischen Philosophie entwickelt war, trat nunmehr als weitere Argumentationsbasis die historische Erfahrung. Die Wahrheit des Gottes Israels erweist sich nach der Überzeugung der alttestamentlichen Autoren vor allem darin, daß dieser Gott seinen Verheißungen entsprechend handelt und sich in der Geschichte als der Gott »seines« Volkes bewährt. Diese Bewährung ist allerdings nicht im Sinne magischen Denkens jederzeit verfügbar und vorführbar. Die Großtaten Gottes können daher nicht beliebig wiederholt, sondern jeweils nur bezeugt werden. Auch Gottes Treue ist ein Ausdruck seiner personalen Liebe. Sie ist daher zwar zuverlässig, jedoch nicht verfügbar und berechenbar.

III. Neue Konzeptionen und Impulse durch das Wirken Jesu Christi

1. Jesus Christus als Schlüssel zum Verständnis von Gott, Mensch und Welt

Wie dargelegt wurde, geht das Wort »Metaphysik« auf Aristoteles zurück. Die metaphysische Frage mit ihren drei Komponenten, (1) der Frage nach einer transzendenten Wirklichkeit, (2) der Frage nach dem eigenen menschlichen Dasein und (3) der Frage nach der Welt, besteht jedoch, solange es Menschen gibt. Die Versuche, sie zu beantworten, sind vielfältig. In der antiken Welt wurden sie seit Aristoteles vor allem in begrifflichen Darlegungen und Argumentationen der Philosophie formuliert. Eine Alternative dazu bilden die größtenteils in narrativer Form dargebotenen Bekenntnisse des Alten Testaments. Schon früh gab es eine gegenseitige Beeinflussung dieser beiden Konzeptionen.

Der entscheidende Anstoß für die gesamte weitere Entwicklung war das Erscheinen und Wirken Jesu Christi. Die im Neuen Testament bezeugte unmittelbare Selbstoffenbarung Gottes bzw. konkret der Anspruch Jesu Christi, den Gott zum Vater zu haben, der sich in der im Alten Testament niedergelegten Geschichte des jüdischen Volkes als der *eine* wahre Gott geoffenbart hat, ist Anstoß zu einer Neuorientierung der metaphysischen Frage. In ihr wird die Einzigkeit Gottes und die Absage an alle anderen Götter vorausgesetzt. Im Blickpunkt steht jedoch mit der Menschwerdung des »Sohnes« nunmehr Gott als der Dreipersonale.

Wie an anderer Stelle ausführlicher dargelegt wurde[49], bedeutet diese Feststellung gewiß nicht, daß nicht schon im Alten Testament Hinweise auf die Dreifaltigkeit Gottes zu finden wären. Zumindest

[49] Vgl. Hugo Staudinger, Gotteswort und Menschenwort, Paderborn 1993, insbesondere S. 104ff.

kann und muß man von einer Offenheit des Alten Testamentes zur Überzeugung von der Dreifaltigkeit Gottes sprechen. Aber in dieser frühen Phase der Offenbarung ist die Dreifaltigkeit noch nicht der Schlüssel für ein angemessenes Verständnis der Einzigartigkeit und Unvergleichlichkeit Gottes.

Das ändert sich radikal mit dem Erscheinen Jesu Christi. Nach dem Zeugnis der Evangelien ist schon dessen Geburt kraft des Heiligen Geistes aus der Jungfrau Maria einzigartig. Alle gegenwärtigen Versuche, diese Einzigartigkeit durch spitzfindige Interpretationen herunterzuspielen, zeugen nur von einem völligen Unverständnis für das von Lukas, Matthäus und auch Johannes[50] bezeugte Geschehen.

Die Einzigartigkeit Jesu Christi wird nach den Berichten des Neuen Testaments bei seiner Taufe im Jordan vom Vater und vom Heiligen Geist ausdrücklich bestätigt. Dazu kommt das Zeugnis Jesu Christi selbst über sein Verhältnis zum Vater und zum Wirken des Heiligen Geistes. All das ist Angelpunkt für ein tieferes Verständnis des Dreifaltigen Gottes und seines Wirkens. Zugleich ist es jedoch auch Impuls für ein angemesseneres Verständnis des Menschen selbst.

Die Wahrheit, daß Gott den Menschen »nach seinem Bilde« schuf, enthüllt sich erst jetzt in ihrem tieferen Sinn: Die Erschaffung des Menschen als Person »nach dem Bilde Gottes« erfolgte providenziell, weil Gott im »Sohn« selbst Mensch werden wollte. Daher versichert Paulus, in ihm und auf ihn hin sei alles geschaffen, was ge-

[50] Dessen Zeugnis ergibt sich bei einer unvoreingenommenen Interpretation seines Prologs. Wie die Jerusalemer Bibel im Anschluß an die älteste Textüberlieferung zutreffend wiedergibt, heißt es hier im Prolog: »Allen aber, die ihn aufnahmen, gab er die Macht, Kinder Gottes zu werden, denen, die an seinen Namen glauben; er, der nicht aus dem Blute, nicht aus dem Willen des Fleisches und nicht aus dem Willen des Mannes, sondern aus Gott geboren wurde.« Diese Textgestaltung findet sich nur selten, da sie nicht dem üblichen griechischen Text entspricht. Es handelt sich jedoch dabei um lateinische Übersetzungen des griechischen Textes, die älter sind als die ältesten griechischen Textbezeugungen und daher zu dem Schluß nötigen, daß die gängigen griechischen Textüberlieferungen nicht das Ursprüngliche sind. Diese Folgerung wird zudem dadurch bestätigt, daß die uns zugänglichen Texte auffällige Varianten enthalten. (Vgl. zu diesem Problem auch: Hugo Staudinger, Gotteswort und Menschenwort, Paderborn 1993, S. 87.)

schaffen ist.[51] Kurz zusammengefaßt formuliert im gleichen Sinne der Johannesprolog: »Die Welt ist durch ihn geworden.«[52]

Durch Jesus Christus erhält somit die metaphysische Frage nicht nur im Hinblick auf Gott eine umfassendere und tiefere Antwort, sondern auch die Frage nach dem Menschen und nach der Welt bekommt einen völlig neuen Akzent. Dadurch tritt auch die unterschwellige Einheit der dreifachen metaphysischen Fragestellung offen zutage: Gott selbst wollte von Anfang an in Liebe mit seiner Schöpfung eins werden. Der Mensch, der als einziges Geschöpf die Liebe Gottes nicht nur zu bezeugen, sondern auch zu erwidern vermag, war bestimmt, dieser Einheit zu dienen. Daher zielt die Welt insgesamt von vornherein auf den Menschen als Voraussetzung für die Menschwerdung Gottes ab.

In dieser Hinsicht ist ein Zusammenhang beachtenswert, den insbesondere amerikanische Wissenschaftler entdeckten und als »anthropisches Prinzip« bezeichneten. Zu seiner Kennzeichnung schreibt George Gale: »Das anthropische Prinzip setzt die Existenz des Menschen mit Gesetzen der Physik in Verbindung, die scheinbar nichts mit Biologie zu tun haben. In seiner strengsten Form postuliert es sogar, daß kein anderes Universum intelligentes Leben beherbergen könnte als dasjenige, in dem wir leben.«[53] Angesichts dieses anthropischen Prinzips schreibt der amerikanische theoretische Physiker Freeman Dyson: »Ich fühle mich nicht als Fremdling in diesem Universum. Je länger ich das Universum beobachte und die Einzelheiten seines Aufbaus studiere, desto mehr Anzeichen finde ich, daß das Universum um unser Kommen gewußt haben muß.«[54]

Hält man sich diese Zusammenhänge und ihre Interpretationen vor Augen, so ist einsichtig, daß Jesus Christus nach christlicher Überzeugung objektiv der Mittelpunkt der Welt ist und daher Gott, Mensch und Welt nur von ihm her angemessen verstanden werden

[51] Vgl. Kol. 1,16 und dazu Hebr. 1,2.
[52] Joh. 1,10.
[53] George Gale, Das anthropische Prinzip: Kein Universum ohne Mensch. In: Spektrum der Wissenschaft, Febr. 1982, S. 90–99.
[54] Freeman Dyson, Innenansichten – Erinnerungen an die Zukunft, deutsch 1981, S. 266.

können. Sofern diese Überzeugung zu Recht besteht, verurteilt sich eine Metaphysik, die die Offenbarung von vornherein ablehnt und bewußt ignoriert, selbst zum Scheitern. Denn die gesamte Schöpfung ist in dieser Konzeption von Anfang an auf Jesus Christus hingerichtet und kann daher ohne ihn nicht angemessen verstanden werden.

Allerdings erhebt sich die Frage, womit diese christliche Grundüberzeugung begründet werden kann. Zu ihrer Beantwortung sei zunächst daran erinnert, daß schon nach der Überzeugung des Alten Testaments die Wahrheit Gottes nicht primär durch begriffliche Argumentationsbemühungen gestützt wird, sondern daß sich Gott durch sein Handeln in der Geschichte als der einzig wahre Gott offenbart.

Analoges gilt für die Frage nach der Wahrheit der in Jesus Christus zuteil gewordenen Offenbarung. Sie wird nicht primär durch rationale Argumentationen gestützt, sondern durch das in der Geschichte zutage getretene Zeugnis und Handeln Gottes. Das entscheidende Ereignis dafür ist die Auferstehung Jesu Christi nach seinem Tod am Kreuz.[55] Insofern hängt der gesamte christliche Glaube tatsächlich unaufhebbar ab von der Glaubwürdigkeit der Zeugnisse über die Auferstehung Jesu Christi. Das war auch den Verkündigern dieser Auferstehung von Anfang an bewußt. Daher schreibt Paulus in unüberhörbarer Eindeutigkeit: »Ist aber Christus nicht auferweckt worden, so ist damit auch unsere Predigt nichtig, und nichtig ist euer Glaube. Dann aber stehen wir als falsche Zeugen Gottes da, weil wir wider Gott Zeugnis dafür abgelegt haben, er habe Christus auferweckt, während er ihn doch nicht auferweckt hat.«[56]

[55] Über die Glaubwürdigkeit der Texte der Evangelien wurde an anderer Stelle ausführlich gehandelt: Hugo Staudinger, Die historische Glaubwürdigkeit der Evangelien, R. Brockhaus Verlag Wuppertal [7]1995.

[56] 1. Kor. 15,14f.

2. Der Anspruch der Christen auf Bekehrung aller Völker der Erde

Wie aus den Texten des Neuen Testaments hervorgeht, waren die Jünger Jesu nicht nur selbst unmittelbare Zeugen seiner Auferstehung, sondern erhielten von dem erstandenen Herrn zugleich einen Auftrag für alle Völker der Erde. So schließt das Matthäusevangelium mit der Aufforderung Jesu: »So geht hin und macht alle Völker zu Jüngern und tauft sie auf den Namen des Vaters, des Sohnes und des Heiligen Geistes und lehrt sie alles halten, was ich euch befohlen habe.«[57] In vergleichbarer Weise berichtet Lukas: »Ihr werdet ... meine Zeugen sein in Jerusalem und ganz Judäa und Samaria und bis an die Grenzen der Erde.«[58]

Der Missionsbefehl des Auferstandenen bezieht sich somit nicht nur auf die Juden, sondern auf alle Völker bis an die Grenzen der Erde. Verständlicherweise begann allerdings die frühe Verkündigung zunächst bei den Juden. Ihnen erklärte Petrus schon bei seiner Pfingstpredigt: »Brüder, ich darf wohl mit Freimut zu euch von dem Patriarchen David reden. Er ist gestorben und begraben, und sein Grab befindet sich unter uns bis auf diesen Tag. Da er ein Prophet war und wußte, daß Gott ihm mit einem Eid zugesichert hatte, Er werde einen seiner leiblichen Nachkommen auf seinen Thron erheben, so sagte David mit Seherblick von der Auferstehung Christi, dieser werde nicht im Totenreich bleiben und sein Fleisch werde nicht die Verwesung schauen. Eben diesen Jesus hat Gott auferweckt; des sind wir alle Zeugen. Nachdem er durch die Rechte Gottes erhöht ward, hat er den vom Vater verheißenen Heiligen Geist ausgegossen, wie ihr seht und hört ... So erkenne denn das ganze Haus Israel unfehlbar: Gott hat eben diesen Jesus, den ihr ans Kreuz geschlagen habt, zum Herrn und Messias gemacht.«[59]

Schon früh schlossen sich auch Nichtjuden den Jüngern an. Dadurch entstand die Frage, ob diese Gläubigen auch das Gesetz des Moses mit seinen zahlreichen Vorschriften für die gesamte Lebens-

[57] Matth. 28,19–20.
[58] Apg. 1,8.
[59] Apg. 2,29–36.

gestaltung annehmen müßten. Hierüber war man zunächst uneins. Wie die Apostelgeschichte berichtet, wurde das Problem schließlich durch ein Eingreifen Gottes selbst gelöst: Petrus erhielt die klare Weisung, sich an das Gesetz des Moses nicht gebunden zu fühlen, und handelte entsprechend.[60]

In der Folgezeit setzte sich insbesondere Paulus intensiv dafür ein, den bekehrten Heiden keine aus dem Gesetz des Moses abgeleiteten Vorschriften zu machen. Diese Freiheit, zu der Christus berufen hat[61], wurde offiziell durch das sogenannte »Apostelkonzil« ausdrücklich bestätigt.[62]

Mit dieser Entscheidung stellte sich freilich eine weitere Frage: In welcher Weise war die Vergangenheit nicht nur der Juden, sondern auch der heidnischen Völker auf Jesus Christus hinbezogen? Zur Beantwortung bot das Alte Testament vor allem zwei wichtige Ansatzpunkte.

1. Der im Alten Testament primär als der Gott Israels verehrte Gott ist zugleich der Schöpfer Himmels und der Erde, also im vollen Sinne der für alle Völker »zuständige« Gott.
2. Die Verheißungen künftigen Heils, die sich an vielen Stellen des Alten Testaments finden[63], gelten grundsätzlich allen Völkern, wobei freilich das Verhältnis dieser Völker zum jüdischen Volk nicht eindeutig festgelegt wird.

Wie insbesondere aus den Briefen des Apostels Paulus hervorgeht, wird die besondere Verheißung, die an Israel ergangen ist, dadurch nicht aufgehoben, sondern präzisiert: Sie besagt, der als Erlöser für alle Menschen Verheißene werde aus dem Volk Israel hervorgehen. Da der Gott Israels der eine wahre Gott und der Schöpfer aller ist, sind in einem weiteren Sinne alle Völker auf diesen einen Gott bezogen.

Daher spricht Paulus von der »Gottlosigkeit« und der »Ungerechtigkeit« der Menschen schlechthin und begründet diesen Vorwurf gegenüber den Heiden mit den Sätzen: »Ist doch, was sich von

[60] Apg. 10,1ff.
[61] 2. Kor. 3,17; Gal. 2,4; 5,1.13.
[62] Apg. 15,6–29.
[63] Vgl. hierzu II,6.

Gott erkennen läßt, ihnen offenbar; Gott selbst hat es ihnen kundgetan. Denn sein unsichtbares Wesen, seine ewige Macht und Göttlichkeit sind seit Erschaffung der Welt an seinen Werken durch die Vernunft zu erkennen. Sie sind darum nicht zu entschuldigen, weil sie trotz ihrer Erkenntnis Gottes ihn nicht als Gott verherrlichten und ihm nicht dankten, sondern sie verfielen in ihren Gedanken auf Nichtigkeiten, und ihr unverständiges Herz wurde verfinstert.«[64] Paulus betont ausdrücklich, daß Gott nicht nur Gott der Juden, sondern auch Gott der Heiden ist.[65] Die in Jesus Christus erfüllte Verheißung Gottes beziehe sich von Anfang an auf alle Völker. Zum Beleg zitiert Paulus aus der Genesis die an Abraham gegebene Verheißung: »Zum Vater vieler Völker habe ich dich bestellt.«[66]

Die Erfüllung der Verheißungen Gottes ist jedoch mit dem Wirken Jesu Christi noch nicht abgeschlossen, zumal die gesamte Schöpfung darin eingebracht werden soll. Hieraus ergibt sich ein Impuls an die Christen: »Denn die ungeduldige Sehnsucht der Schöpfung harrt auf das Offenbarwerden der Söhne Gottes. Wurde doch die Schöpfung der Nichtigkeit nicht mit freiem Willen unterworfen, sondern durch den, der sie unterwarf, mit der Hoffnung, daß auch sie, die Schöpfung, von der Knechtschaft der Vergänglichkeit befreit werde zur Freiheit der Herrlichkeit der Kinder Gottes. Wir wissen ja, daß die gesamte Schöpfung bis zur Stunde seufzt und in Wehen liegt.«[67]

Der gleiche Grundgedanke findet sich in der Predigt, die Paulus nach dem Zeugnis der Apostelgeschichte auf dem Areopag in Athen gehalten hat: »Der Gott, der die Welt und alles in ihr geschaffen hat, der Herr des Himmels und der Erde . . . hat aus einem einzigen (= Adam) das ganze Menschengeschlecht hervorgehen lassen, daß es wohne auf der ganzen Erde . . . Sie sollten die Gottheit suchen, ob sie ihn fühlen und finden könnten, ist er doch nicht fern von einem jeden von uns. Denn in ihm leben wir, bewegen wir

[64] Röm. 1,19–21.
[65] Röm. 3,29.
[66] Röm. 4,17, vgl. 1. Mose 17,5.
[67] Röm. 8,19–21.

uns und sind wir. So haben ja auch einige von den Euren gesagt: ›Wir sind von seinem Geschlecht.‹«[68]

Die Klärung des Verhältnisses zwischen der im Alten Testament verankerten Verheißung Gottes und dem künftigen Heil aller Völker bedeutet zugleich eine Einbeziehung aller Menschen in die metaphysische Konzeption der frühen Christenheit: Jesus Christus ist der Angelpunkt für das Verständnis von Gott, Mensch und Welt nicht nur für die Juden und für die Christen, sondern für alle Völker der Erde.

Der Grundgedanke, Gott habe sich zwar den Juden in besonderer Weise geoffenbart, sei aber von jedem Menschen aus seinen Werken zu erkennen, prägt das christliche Denken der folgenden Jahrhunderte. Es wird später in die Formel gefaßt, daß Gott zwei Bücher geschrieben habe: Die Bibel und das Buch der Natur. Er könne aus beiden Büchern erkannt werden. Letzten Endes bestätigten und stützten sich diese beiden Bücher gegenseitig.

Das Bild von den beiden »Büchern« hat durch die folgenden Jahrhunderte bis in unsere Zeit weitergewirkt. Wie Herwig Schopper, bis 1988 Generaldirektor des Europäischen Zentrums für Kernforschung in Genf und danach Leiter des größten Teilchenbeschleunigers LEP, berichtet, hat Papst Johannes Paul II. in einem Gespräch einen Konflikt zwischen neuen Ergebnissen der Wissenschaft und der Lehre der Kirche mit dem Hinweis ausgeschlossen, daß Gott zwei Bücher geschrieben habe: Die Heilige Schrift und die Natur.[69]

Allerdings wird das Bild von den zwei Büchern Gottes heute von manchen Theologen abgelehnt, indem sie auf die völlige Andersartigkeit dieser beiden Bücher hinweisen. Dabei übersehen sie jedoch, daß wir auch in unserem Alltag sehr verschiedenartige Bücher haben, vom Kursbuch und Kochbuch über die Sachbücher und Bildbände bis hin zu den Werken der Dichtung und schönen Literatur. Zudem sind diese Bücher in verschiedenen Sprachen abgefaßt und in je besonderen Schriftformen gedruckt. Gemeinsam ist ihnen

[68] Apg. 17,24–28.

[69] Zitiert nach einer Beilage des Westfalenblattes vom 20. Mai 1983: Werte und Wandel, S. 5.

nur, daß sie Informationen enthalten, die der Leser zur Kenntnis nehmen, bestreiten und auch in je eigener Weise interpretieren kann. Vergleichbares gilt durchaus auch für die beiden »Bücher Gottes«.

3. Die christliche Weltdeutung der frühen Kirchenväter

Die Überzeugung, daß Gott in seinen Werken jedem Menschen erkennbar sei, eröffnete zugleich die Möglichkeit zu einem umfassenden Gespräch zwischen gläubigen Christen und heidnischen Denkern, die sich mit Hilfe des Verstandes um Antworten auf die metaphysischen Grundfragen bemühten. Es ist kein Zufall, daß Alexandria, das in der vorchristlichen Zeit hervorragende Begegnungsstätte zwischen jüdischen und griechischen Intellektuellen gewesen war, nunmehr zu einem wichtigen Zentrum der Auseinandersetzungen zwischen christlichen und heidnischen Denkern wurde. So wurde an einer christlichen Katechetenschule »neben der christlichen Botschaft das gesamte Bildungsgut der griechischen Hochschulen gelehrt«.[70]

Die Lehrer dieser Schule waren davon überzeugt, »daß die griechische Philosophie die heidnische Welt in gleicher Weise auf Christus vorbereitet habe wie das alttestamentarische Gesetz die Juden. In einer gläubigen und zugleich weltaufgeschlossenen Haltung schufen sie die Grundlagen für eine dauerhafte Synthese von Christentum und antiker Philosophie, ohne den Kerngehalt der christlichen Offenbarung zu gefährden oder gar preiszugeben«.[71]

Origines, einer der hervorragendsten Vertreter der Schule von Alexandria, schreibt bezeichnenderweise in einem seiner Briefe: »Als ich mich der Lehre widmete und der Ruf unserer Fähigkeiten sich verbreitete, kamen bald Häretiker zu mir, bald aber die Leute, die sich mit den griechischen Wissenschaften befaßten, vor allem

[70] H. Hilgenberg u.a., Unsere Geschichte, unsere Welt, Bd. 1, München [2]1967, S. 170.
[71] Vgl. ebd.

den philosophischen. Daraufhin entschloß ich mich, sowohl die Lehren der Häretiker zu prüfen als auch das, was die Philosophen über die Wahrheit zu sagen versprachen.«[72]

Dementsprechend lehrte Origines nach dem Zeugnis eines seiner Schüler, »daß wir philosophieren und aus allen Kräften die Schriften der Alten durcharbeiten sollen, ob es nun Philosophen oder Dichter sind, nichts auslassen und nichts verwerfen . . . sondern allen ein gerechtes Ohr leihen«.[73] Zum Verhältnis von Offenbarung und philosophischer Weisheit bemerkt Origines: »Wenn die Söhne der Weltweisen von Geometrie, Musik, Grammatik, Rhetorik und Astronomie sagen, sie seien die Mägde der Philosophie, so können wir von der Philosophie in ihrem Verhältnis zur Theologie dasselbe sagen.«[74]

In solchen Sätzen zeigt sich zugleich, daß die Philosophie damals nicht primär eingesetzt wurde, um den Glauben zu stützen, sondern eher um den Glauben besser zu verstehen und in mancher Hinsicht abzurunden. So legt z.B. Origines in seiner Einleitung zu den »Büchern von den Prinzipien« dar, daß die Heiligen Schriften uns zwar die grundlegenden Wahrheiten kundtun, daß sie jedoch auch manche Frage offenlassen. Origines stellt dazu fest: »Die einzelnen Punkte aber, die durch die apostolische Verkündigung deutlich überliefert werden, sind folgende: Erstens, daß *ein* Gott ist, der alles geschaffen und geordnet hat und der alle Dinge aus dem Nichtsein ins Sein gerufen hat . . . sodann, daß Jesus Christus, eben der, der gekommen ist, vor jeder Schöpfung aus dem Vater geboren ward . . .«[75] Andererseits aber heißt es auch: »In der Verkündigung ist auch überliefert, daß es Engel gibt und gute Mächte, welche dienstbar sind zum Heile der Menschen. Wann sie aber geschaffen wurden und welche ihre Eigenschaften sind, das hat keiner klar ausgesprochen. Über Sonne, Mond und Sterne aber wird nicht klar überliefert, ob sie beseelt sind oder unbeseelt.«[76]

[72] Origines, Vier Bücher von den Prinzipien, Darmstadt 1976, S. 4.
[73] Gregorius Thaumaturgos c. 13.
[74] Philok. 13,1.
[75] Origines, a.a.O., S. 87f.
[76] Ebd. S. 97.

Den Kirchenvätern insgesamt geht es primär darum, die Offenbarung in einer gewissen systematischen Ordnung darzulegen. In diesem Sinne hat der schon mehrfach erwähnte Origines als erster eine christliche Theologie geschaffen, die dann von seinen Nachfolgern weiter durchdacht und ergänzt worden ist. Dabei wurden in die christlichen Überlegungen auch die Repräsentanten der griechischen Weisheit einbezogen. Umfassende und systematische Auseinandersetzungen mit ihnen wurden jedoch kaum geführt.

Dies gilt auch für den verhältnismäßig häufig zitierten Plato und dessen Schule, wie sie vor allem durch Plotin repräsentiert wurde. Hinweise und Zitate erfolgen zumeist nur nebenbei. So heißt es z.B. bei Augustinus im Zusammenhang seiner Darlegungen über die Schöpfung: »Plato gebraucht den Ausdruck, Gott sei über die Vollendung des Weltalls von Freude hingerissen worden. Auch er ist dabei nicht in der törichten Vorstellung befangen, Gott sei durch sein neues Werk glückseliger geworden, sondern er wollte damit andeuten, daß das Werk nach dessen Erschaffung seinem Bildner gefallen habe, (das gleiche Werk,) das ihm schon im Urbild als ein zu schaffendes gefallen hatte.«[77]

Hin und wieder dienen Hinweise auf Vorgänge in der griechischen Philosophie zur Rechtfertigung eigener Entwicklungen. So heißt es z.B.: »Wer aber die christliche Lehre wegen der Sekten tadeln wollte, müßte auch die Lehre des Sokrates tadeln, aus dessen Unterricht viele Schulen hervorgegangen sind, die nicht dieselben Anschauungen vertreten; und auch Platos Lehren könnte man wegen Aristoteles angreifen, der den Unterricht seines Lehrers verließ und neue Ansichten aufstellte.«[78]

Andererseits werden eigene Anregungen hin und wieder dadurch gestützt, daß man auf griechische Philosophen hinweist. So zitiert z.B. Basilius der Große in einem ›Mahnwort an die Jugend‹ aus Hesiod: »Der Beste ist, wer von sich aus weiß, was er zu tun hat; trefflich ist auch, wer sich von anderen belehren läßt. Wer aber zum

[77] Augustinus, Gottesstaat 11,21. Nur am Rande sei darauf hingewiesen, daß Augustinus hier im Anschluß an Plato davon ausgeht, daß die Idee des Weltalls schon vor dessen Schöpfung im Geiste Gottes vorhanden gewesen sei.

[78] Origines, Gegen Celsus 3,13.

einen nicht taugt und auch nicht zum anderen, der ist unnütz zu allem.«[79]

Fast durchweg argumentieren die Kirchenväter im Wissen um das, was vor ihnen von anerkannten Denkern dargelegt wurde. Zum Teil greifen sie ausdrücklich auf bereits vorhandene Darlegungen zurück. So schreibt z.B. Augustinus: »Als ›Volk‹ bezeichnet Cicero eine durch Rechtsübereinkunft und Interessengemeinschaft verbundene Menschenvereinigung. Was er unter Rechtsübereinkunft versteht, erklärt er im Verlaufe der Untersuchung und zeigt dabei, daß ohne Gerechtigkeit ein Staat nicht geleitet werden« könne.[80]

Wie diese Beispiele zeigen, ist die Auseinandersetzung der Kirchenväter mit der bisherigen Philosophie kein Selbstzweck. Sie entwickeln vielmehr ihre eigenen Gedanken im Bewußtsein dessen, was schon vor ihnen gedacht worden ist, und treten damit zugleich in ein Gespräch mit der heidnischen Philosophie ein.

Voraussetzung dafür ist das Bewußtsein, daß (1) die Wahrheit Gottes uns in ihrer Fülle durch Jesus Christus offenbar geworden ist und daß (2) diese gleiche Wahrheit auch in der Natur erkennbar ist. Daher gibt es eine Basis für ein Gespräch mit allen, die sich um Erkenntnis dieser Wahrheit bemüht haben und bemühen. Während für Aristoteles die Einheit zwischen Metaphysik und Theologie allein darin gründete, daß der metaphysisch Fragende als letzten Grund aller Dinge auf das göttliche Sein trifft, war nunmehr die Einheit bzw. zumindest die sinnvolle Zuordnung von Theoogie und Metaphysik vor allem darin gegeben, daß der eine wahre Gott der Schöpfer der Welt und zugleich der Ursprung der Offenbarung ist.

4. Das Ringen um das Verständnis der Trinität Gottes

Wie bereits dargelegt wurde, tritt »mit der Menschwerdung des ›Sohnes‹ Gott als der Dreipersonale in den Mittelpunkt der Offen-

[79] Basilius der Große, Mahnwort an die Jugend 1.
[80] Augustinus, Gottesstaat 19,21.

barung«[81]. Allerdings finden sich im Neuen Testament, das ja zugleich das früheste Zeugnis für den christlichen Dreifaltigkeitsglauben ist, zum Verhältnis zwischen Vater und Sohn Aussagen, die in einer gewissen Spannung zueinander stehen: Es wird einerseits die Einheit zwischen Vater und Sohn hervorgehoben, an anderen Stellen jedoch auch eine Unterordnung des Sohnes unter den Vater betont.

Die Spannung zwischen diesen beiden Grundaussagen hat in den folgenden Jahrhunderten immer wieder zum Nachdenken angeregt. Dabei wurden die Überlegungen mitbestimmt von der Überlieferung des Alten Testaments, das ja von Anfang an auch für die Christen Heilige Schrift ist, andererseits jedoch auch von den Tendenzen der griechischen Philosophie, die zunehmend einer monotheistischen Gottesvorstellung zuneigte, wobei der Monotheismus entweder absolut gesetzt oder auch im Sinne einer abgestuften göttlichen Monarchie differenziert werden konnte.

Unter den christlichen Denkern wurde die Auseinandersetzung um das rechte Verständnis der Trinität vor allem unter dem Begriff »Subordinatianismus« geführt. Dieser Begriff »ist die Sammelbezeichnung für trinitarisch-relevante Spekulationen des 2. bis 4. Jahrhunderts ... die darin miteinander überstimmen, daß sie im Effekt den Logos-Sohn (und den Geist) dem Vater gegenüber als depotenzierten Gott, als an Seinsfülle, Wesensvermögen und Macht untergeordnet lehren«.[82]

Dieser gesamte Fragenkomplex ist allerdings wissenschaftlich nicht unumstritten. Auch in der grundsätzlichen Einschätzung der verschiedenen christlichen Denker und ihrer Theorien herrscht keine Einmütigkeit. Oft werden sie mehr oder weniger nur als Vorläufer oder zumindest Wegbereiter des späteren Arianismus betrachtet. Dagegen betont Wolfgang Marcus in seiner umfassenden Abhandlung über den Subordinatianismus: »Die subordinatianischen Aussagen der (orthodoxen) Logoschristologen widersprechen der durch Athanasius, Basilius und Augustinus mitgestalteten bzw. vertretenen Aussage des trinitarischen Dogmas in keiner Weise. Es be-

[81] Vgl. III,1.

[82] Wolfgang Marcus, Der Subordinatianismus, München 1963, S. 17.

steht eine *ununterbrochene Tradition* nicht nur des ›Glaubensbewußtseins‹, sondern auch der orthodoxen ›Trinitätsspekulation‹ von den ersten Andeutungen in der Schrift über die apostolischen Väter, Apologeten und die anderen Logoschristologen der alexandrinischen Schule bis auf Athanasius, die Kappadozier und Augustinus hin.«[83] Es sei wahrscheinlich, »daß der vorarianische Subordinatianismus von anderer Art ist als der arianische und im Gegensatz zu diesem durchaus orthodox«.[84] Ein orthodoxer Subordinatianismus sei eine Möglichkeit, die Zuordnung von Gott Vater und Sohn zu beschreiben, ohne in einen metaphysischen Dualismus zu verfallen.

Unabhängig davon, ob man dieser Einschätzung zustimmt und wie man die verschiedenen Lösungsversuche einzuordnen und zu beurteilen sucht, ist unbestreitbar, daß geschichtlich eine Klärung erst unter der Herausforderung erfolgte, die von dem Priester Arius ausging, der Christus als ein Geschöpf des Vaters bezeichnete. Im Jahre 318 wurde er deshalb von seinem Bischof Alexander von Alexandria abgesetzt. Aber er fand bei anderen Bischöfen außerhalb Ägyptens Zuflucht, während sich insbesondere Repräsentanten der Volksfrömmigkeit entschieden zur Wehr setzten und die volle Gottessohnschaft Jesu Christi verteidigten.

Um den Streit beizulegen, berief Kaiser Konstantin im Jahre 325 das erste Ökumenische Konzil nach Nicäa ein. Es wurde von etwa 300 Bischöfen vornehmlich aus dem Osten besucht. Papst Silvester I. war durch einen Legaten vertreten. Das Konzil entschied - nicht zuletzt unter Einfluß von Athanasius, des Bischofs von Alexandrien - gegen Arius und verkündete als Lehre der Kirche, Jesus Christus sei: »Gott von Gott, Licht vom Licht, wahrer Gott vom wahren Gott, gezeugt, nicht erschaffen, gleicher Wesenheit mit dem Vater.« Arius wurde mit einigen ihm anhängenden Bischöfen verbannt. Er selbst starb schon im folgenden Jahre. Damit war der Kampf um seine Auffassung von der Trinität jedoch nicht beendet.

Kaiser Konstantius, der Nachfolger Konstantins, begünstigte aktiv den Arianismus. Nahezu das gesamte östliche Reichsgebiet

[83] Ebd. S. 11.
[84] Ebd. S. 47.

folgte ihm. Im Gegensatz dazu blieb unter Führung des Papstes der Westen dem Nicaenum treu. Hierhin floh auch Athanasius. Tatsächlich erfolgte bald eine neue Wende. Unter Kaiser Theodosius, dem letzten Kaiser des römischen Gesamtreiches, wurden im Jahre 381 vom Konzil von Konstantinopel die Beschlüsse des Konzils von Nicäa bestätigt und zudem auch die Gottheit des Heiligen Geistes betont. Damit war die Trinitätslehre im Sinne des Athanasius endgültig anerkannt. Geschichtlich wirkte der Arianismus allerdings noch nach, da eine Reihe von germanischen Völkern inzwischen diese Form des Christentums angenommen hatten. Auf längere Sicht jedoch schlossen auch sie sich der unter dem Papst stehenden Kirche an.

So war das Ergebnis der Auseinandersetzungen mit dem Arianismus schließlich das von der ganzen Kirche anerkannte »große Glaubensbekenntnis«. Hier heißt es zusammen mit den bereits zitierten trinitarischen Aussagen über den Sohn:

»Wir glauben an den Heiligen Geist,
der Herr ist und lebendig macht,
der aus dem Vater (und dem Sohn)[85] hervorgeht,
der mit dem Vater und dem Sohn angebetet
und verherrlicht wird ...«

Dieses Bekenntnis stellt klar heraus, daß der Sohn eines Wesens mit dem Vater ist und daß der Heilige Geist in gleicher Weise mit dem Vater und dem Sohn angebetet und verherrlicht wird.

Allerdings bleiben zwangsläufig auch diese Aussagen über die Dreifaltigkeit unzulänglich, da sie an menschliches Denken und menschliches Sprechen gebunden sind. So kann die Formulierung, daß der Sohn aus dem Vater geboren ist und der Heilige Geist aus dem Vater und dem Sohn hervorgeht, allzu leicht im Sinne einer zeitlichen Abfolge mißverstanden werden. Die Verfasser des Glaubensbekenntnisses suchen dieses Mißverständnis auszuschalten, indem sie formulieren: »Aus dem Vater geboren *vor aller Zeit*.«

[85] Das filioque wurde in der westlichen Kirche in karolingischer Zeit eingeführt. Auf diesem Hintergrund muß auch der Hymnus Veni Creator Spiritus gesehen werden. Vgl. hierzu Heinrich Lausberg, Der Hymnus »Veni Creator Spiritus«, Opladen 1979.

Trotzdem findet sich eine problematische Interpretation der Formulierungen des Glaubensbekenntnisses bereits bei den Kappadoziern Gregor von Nazianz und Gregor von Nyssa. Sie erklären, nur der Vater allein sei als »Agenetos« Ausgangspunkt der Dreifaltigkeit, während Sohn und Heiliger Geist - unbeschadet ihres gleichen Ranges und ihrer gleichen Ehre - dann, wie es Thomas F. Torrance interpretierend formuliert, erst »sozusagen in einer sekundären Weise« Gott seien.[86]

Zum angemessenen Verständnis des Textes muß mitbedacht werden, daß unsere Sprache ohne Verben nicht auskommt und daß nach unserem menschlichen Empfinden und unserem normalen Sprachgebrauch jedes Verbum, das ja bemerkenswerterweise im deutschen Sprachgebrauch als »Zeitwort« bezeichnet wird, eine zeitliche Komponente hat. Nun vollzieht sich auch die Offenbarung Gottes an uns Menschen in der Zeit. Das gilt insbesondere von der durch Jesus Christus zuteil gewordenen Selbstoffenbarung Gottes als des Dreifaltigen. Gott selber in seinem Wesen ist jedoch ewig. Daher dürfen die Verben, in denen wir im Glaubensbekenntnis die Zuordnung von Vater, Sohn und Heiligem Geist ausdrücken, nicht als ein zeitliches Nacheinander mißverstanden werden, so als ob es je einen Zeitpunkt gegeben hätte, in dem es nur den Vater, jedoch noch nicht den Sohn, und einen anderen, in dem es nur den Vater und den Sohn, jedoch noch nicht den Heiligen Geist gegeben hätte. Vielmehr bilden alle drei Personen in der nicht der Zeit und Zeitlichkeit unterworfenen Ewigkeit eine ihrem Wesen nach ungeschmälerte und stets schon vollendete Einheit.[87]

Die im Glaubensbekenntnis formulierte Lehre von der Dreipersonalität Gottes hatte für die Weiterentwicklung der metaphysischen Frage entscheidende Bedeutung. Sie war die Voraussetzung für ein angemessenes Verständnis der Beziehung zwischen Gott und Mensch. Sie werden in der Person Jesu Christi in einer unver-

[86] Reinhard Wegner (Hrsg.), Das Problem der Zeit, BzD 1, S. 33.

[87] Aufschlußreich für die Gesamtfrage: Friedrich Wetter, Die Trinitätslehre des Johannes Duns Scotus, Münster 1967. Allerdings findet sich über die schwierige Frage der »Ewigkeit der Zeugung« nur ein verhältnismäßig kurzes Kapitel (S. 176-180). Zum Gesamtproblem neuerdings auch: Wiegand Siebel, Der Heilige Geist als Relation - Eine soziale Trinitätslehre, Münster 1986.

gleichlichen Weise zu einer Einheit. Daher ist, das muß im Gegensatz zu manchen heutigen Interpreten betont werden, der Glaubenssatz, daß Jesus *kraft der Empfängnis durch den Heiligen Geist von der Jungfrau Maria* geboren wurde, keineswegs eine nebensächliche Aussage.

Durch die Verbindung, die jeder Christ in der Kirche mit dem Haupt der Kirche gewinnt, bleibt die innige Verbindung zwischen Gott und Mensch nicht auf Jesus Christus beschränkt, sondern durch die in den Sakramenten geschenkte Gnade erhält auch der Christ konkreten Anteil am göttlichen Leben.

5. Die Rückwirkungen des Trinitätsglaubens auf die Interpretation der Geschichte

Der jüdischen Tradition folgend, hatten die Christen von Anfang an ein positives Verhältnis zur Geschichte. Nur ein Teil von ihnen wurde durch die sogenannte »Naherwartung« einseitig geprägt. Die meisten waren sich dessen bewußt, daß niemand Zeit und Stunde der Wiederkunft Jesu Christi wissen könne, und hielten es daher für angemessen, im Anschluß an die Verheißungen des Alten Testaments und deren Erfüllung durch Jesus Christus auch ihre eigene Geschichte niederzuschreiben. In diesem Sinne ist der Evangelist Lukas der erste Verfasser einer Kirchengeschichte, die allerdings durchaus zu Recht als »Apostel«geschichte bezeichnet wird, da sie über deren Wirken nach der Auffahrt Jesu Christi zum Vater berichtet.

Diese Tradition der Apostelgeschichte wurde in der Folgezeit weitergeführt. Erhalten ist uns allerdings nur verhältnismäßig weniges. Davon ist vor allem das chronistische Werk des Sextus Julius Africanus erwähnenswert. Sein Pentabiblon chronologium stellt Jesus Christus in den Mittelpunkt der Darstellung, wobei dessen Erscheinen im Jahre 5500 nach Erschaffung der Welt angesetzt wird. Das Werk, das Anfang des 3. Jahrhunderts abgefaßt wurde, schließt mit dem Jahre 221. Erhalten sind nur Bruchstücke und Auszüge.

Das erste uns insgesamt erhaltene Werk wurde etwa um 325 von Eusebius von Caesarea geschrieben. Es umfaßt zehn Bücher. Eingeleitet werden sie mit den Sätzen: »Ich habe mich entschlossen, in einer Schrift über die Nachfolger der Heiligen Apostel[88] zu berichten, zugleich auch über die von unserem Erlöser bis auf uns verflossenen Zeiten, über die zahlreichen großen Ereignisse der Kirchengeschichte, über alle trefflichen führenden Männer und Vorsteher in den angesehensten Gemeinden, über alle jene, die in jeder Generation durch Worte und Schriften Dienst als Boten des göttlichen Wortes taten . . .«[89]

Eusebius schreibt noch unter dem unmittelbaren Eindruck der furchtbaren Verfolgung, die die Kirche unter dem Kaiser Diokletian durchlitten hatte, und mit Dank für die Wende, die inzwischen durch Konstantin eingetreten war. Eusebius berichtet daher mit Nachdruck »über die Anzahl, Art und die Zeiten der Angriffe, denen das göttliche Wort von Seiten der Heiden ausgesetzt war, über die Größe derer, die, wenn es galt, den Kampf für das Wort in blutiger Pein bis zum Ende durchstanden, endlich über die Glaubenszeugnisse in unseren Tagen und über die stets gnädige und liebevolle Hilfe unseres Erlösers. Ich werde dabei nicht anders als mit dem ersten Wirken unseres Erlösers und Herrn Jesus, des Gesalbten Gottes, beginnen«.[90] Das bedeutet für Eusebius, daß er mit einer kurzen zusammenfassenden »Belehrung über die Präexistenz und Gottheit unseres Erlösers und Herrn, des Gesalbten Gottes«, beginnt.

Diese Konzeption machte es möglich, grundsätzlich die gesamte Geschichte auf Jesus Christus hinzuordnen. Eusebius ist sich dessen bewußt, daß er hier ein schwieriges Thema behandelt, und er bittet daher um wohlwollende Nachsicht, »da es – eingestandenermaßen – unsere Kräfte nicht erlauben, eine vollkommene und lückenlose Arbeit zu versprechen. Wir sind nämlich die ersten, die sich an dieses Thema gewagt haben und gewissermaßen einen öden und

[88] Dieser Hinweis ist zugleich eine bewußte Anknüpfung an die Apostelgeschichte.
[89] Eusebius von Caesarea, Kirchengeschichte, Darmstadt 1984, S. 83.
[90] Ebd.

unbegangenen Weg zu schreiten suchen«.[91] Das Werk des Eusebius fand große Beachtung, wurde im 5. Jahrhundert von Rufinus ins Lateinische übersetzt und sowohl im Osten wie im Westen weitergeführt.

Bei all diesen Werken von der Apostelgeschichte bis hin zu Eusebius und seinen Nachfolgern handelt es sich trotz gelegentlicher Hinweise auf die »Profangeschichte« grundsätzlich um Kirchengeschichte, wie ja auch der Titel des Werkes von Eusebius ausweist. Demgegenüber wurde eine qualitativ neue Konzeption ausgelöst durch die Katastrophe, die im Jahre 410 über Rom hereinbrach, als es von den Goten überrannt und besetzt wurde.

Die Einnahme Roms, jener Stadt, die seit dem Galliersturm, das heißt seit etwa 800 Jahren, kein äußerer Feind betreten hatte, durch die gotischen »Barbaren« bedeutete für die gesamte damalige Welt ein Schockerlebnis. Selbst im fernen Jerusalem erwartete der Kirchenvater Hieronymus, daß mit dem Fall der Stadt Rom auch das Ende der Welt gekommen sei. In Rom selbst verwiesen die letzten heidnischen Senatoren darauf, daß Jupiter ein besserer Schutzherr Roms gewesen sei als der neue »Christengott«. Die Entfernung der Statue der Siegesgöttin aus der Kurie sei ja gegen ihren erbitterten Widerstand erfolgt.[92]

Aber auch die Christen waren zu einem großen Teil bedrückt und ratlos. Waren die Apostelfürsten Petrus und Paulus nicht in der Lage, die Stadt ihrer Gräber zu schützen? Diese Frage war um so dringender, da ja die siegreiche Macht des Christengottes in der Schlacht an der milvischen Brücke Auslöser für die Bekehrung Konstantins und die Wende des Römischen Reiches zum Christentum gewesen war. Hatte der damals siegreiche Gott inzwischen seine Macht verloren?

In dieser kritischen Lage griff der Kirchenvater Augustinus zur Feder und schrieb sein Werk über den Gottesstaat. Er begnügte sich nicht mit dem Hinweis, daß bei der Plünderung Roms durch die Goten – im Gegensatz zu den Gepflogenheiten heidnischer Zei-

91 Vgl. ebd.

92 Vgl. hierzu: Der Streit um den Victoria-Altar, Texte zur Forschung, Bd. 7, Wissenschaftliche Buchgesellschaft, Darmstadt 1972.

ten – immerhin Menschenleben und Kirchen verschont wurden. Er setzte vielmehr vor allem für die gesamte Bewertung des Ganges der Weltgeschichte grundlegend neue Prioritäten: Letzten Ende gehe es nicht darum, ob Rom bestehe oder nicht. Vielmehr sei das weltgeschichtlich Entscheidende das Wirken der civitas Dei, des Gottesreiches. Das Ringen dieser civitas mit dem Reich des Bösen sei das eigentliche Thema der Weltgeschichte. Mit diesem Hinweis wurde alle politische Geschichte relativiert.

Zugleich erfolgte eine Aufwertung jedes einzelnen Menschen. Da jeder einzelne selbst zu entscheiden habe, welcher civitas er zugehört, habe jeder Mensch – unusquisque homo – weltgeschichtliche Bedeutung. Es komme für den einzelnen darauf an, sich dieser Bedeutung bewußt und ihr gerecht zu werden. Im Hinblick auf den äußeren Gang der Geschichte dagegen solle man sich nicht auf bestimmte Erwartungen festlegen, sondern auf das hoffen, »wovon Gott weiß, daß es uns frommt«.[93]

Damit wurde die Konsequenz daraus gezogen, daß Jesus Christus der Angelpunkt der Weltgeschichte ist und die Beziehung zu ihm allein über Heil oder Unheil entscheidet, so daß es keinen einzigen Menschen gibt, der bedeutungslos am Rande der Weltgeschichte steht und in diesem Sinne unwichtig ist. Auf diese Weise wurde von Augustinus ein Bewußtsein grundgelegt, das über die Jahrhunderte fortwirkte und in unserer Zeit in der »Allgemeinen Erklärung der Menschenrechte« hervorragenden Ausdruck gefunden hat.

Nicht minder bedeutend waren die Konsequenzen des neuen Denkansatzes für die Geschichtsschreibung. Da sich die Christenheit bewußt wurde, daß es nur *einen* für die ganze Welt zuständigen Gott gibt und daß dessen Heilswille *allen* Völkern und *jedem* einzelnen gilt, kennt sie nunmehr ein Thema, das über alle räumlichen und zeitlichen Grenzen hinweg *alle* Völker und *alle* Menschen verbindet. Damit war eine Konzeption der Geschichte als Weltgeschichte möglich, die über die bisher entwickelten, allein auf die Kirchengeschichte konzentrierten Entwürfe weit hinausging. Auf

[93] Heribert Hilgenberg u.a., Unsere Geschichte – Unsere Welt, Bd. 1, München [2]1967, S. 192.

Bitten von Augustinus schrieb damals der spanische Priester Paulus Orosius die »erste in sich geschlossene und literarisch hochstehende Welt- und Universalgeschichte«.[94]

Es kennzeichnet Orosius, daß er seine Weltgeschichte unter Benutzung aller ihm zur Verfügung stehenden Quellen konzipiert und dementsprechend auch über Reiche und Völker berichtet, die in keinen unmittelbaren Beziehungen zur jüdisch-christlichen Tradition stehen. Sein erkenntnisleitendes Interesse war ihm von Augustinus vorgegeben und ebenfalls aus dem unmittelbaren Erlebnis der Einnahme Rom entsprungen: Er will aufweisen, daß es in der nichtchristlichen Welt keineswegs besser zugegangen ist als in der nunmehr christlichen. Damit war zugleich eine Problematik gekennzeichnet, die bis in unsere Zeit weithin die Polemik zwischen christlichen und nichtchristlichen Historikern kennzeichnet.

Daß es sich dabei um ein weltgeschichtlich bedeutendes Thema handelt, wird in der heutigen Zeit vor allem dadurch dokumentiert, daß die weltgeschichtliche Alternative unserer Tage offensichtlich durch Anerkennung oder Nichtanerkennung der Menschenrechte gekennzeichnet ist, die nachweislich in christlichen Konzeptionen und Impulsen ihren Ursprung haben - oder mit anderen Worten: die von einem mehr oder weniger säkularisierten christlichen Menschenbild ausgehen, das jedem einzelnen Menschen eine unveräußerliche Würde zugesteht.

[94] So formuliert Pauly/Wissowa, Realenzyklopädie; vgl. auch Hans-Werner Goetz, Die Geschichtstheologie des Orosius, Darmstadt 1980.

IV. Metaphysik und scholastische Philosophie

1. Neue Akzentuierung des Verhältnisses von Theologie und Philosophie

Wie schon bemerkt, erhebt der Apostel Paulus in seinem Brief an die Römer einen grundlegenden Vorwurf gegenüber den Heiden: Es sei ihre Schuld, daß sie Gott nicht erkannt hätten. »Denn sein unsichtbares Wesen, seine ewige Macht und Göttlichkeit sind seit Erschaffung der Welt an seinen Werken durch die Vernunft zu erkennen.«[95] Diese Bemerkung kennzeichnet zugleich eine Basis für eine geistige Auseinandersetzung bzw. ein Gespräch zwischen der griechisch geprägten Philosophie und dem von der Offenbarung ausgehenden Christentum. Dabei stand zunächst eindeutig die Offenbarung am Ausgangspunkt der Diskussion. So bezogen sich die Kirchenväter zwar innerhalb ihrer Darlegungen auch auf heidnische Philosophen, stellten sie und die Auseinandersetzungen mit ihnen jedoch nicht in den Mittelpunkt ihrer Erörterungen.

In dieser Hinsicht entstand mit der aufkommenden Scholastik eine neue Situation. Wenn Gott – wie schon die Darlegung des Apostels Paulus vermuten läßt – grundsätzlich auch ohne die Offenbarung erkennbar ist, dann müßte es – so folgerte man – möglich sein, die geoffenbarten Wahrheiten auch ohne »Rückgriff« auf die Schriften des Alten und des Neuen Testaments mit Hilfe des Verstandes, also auf philosophischem Weg, zu erkennen. Dieser Grundgedanke wurde von Anselm von Canterbury, »dem Vater der Scholastik«, zum Programm erhoben.

In der Einleitung seines Werkes CUR DEUS HOMO – Warum Gott Mensch geworden – schreibt er zur Gliederung seiner Darlegungen in zwei Büchlein: »Von ihnen erhält nun *das erste* die Einwürfe der Ungläubigen, die den christlichen Glauben, weil er nach ihrer Meinung der Vernunft widerspreche, zurückweisen, und die

[95] Röm. 1,20.

Erwiderung der Gläubigen. Und schließlich, mit Beiseitesetzung Christi, so, als ob niemals etwas von ihm gewesen wäre, beweist es mit zwingenden Gründen, daß es unmöglich sei, daß ein Mensch ohne ihn gerettet werde. *Im zweiten* Buche wird ähnlich, als ob man von Christus nichts wüßte, mit nicht weniger klarer Begründung und Wahrheit gezeigt, daß die menschliche Natur dazu eingerichtet sei, daß einmal der ganze Mensch, das heißt mit Leib und Seele, der seligen Unsterblichkeit sich erfreue; und daß es notwendig sei, daß das mit dem Menschen sich vollziehe, um dessen Willen er geschaffen wurde, aber nur durch einen Mensch gewordenen Gott; und daß alles, was wir von Christus glauben, mit Notwendigkeit geschehen müsse.«[96]

Da es Anselm um eine gründliche Auseinandersetzung mit denen geht, die den christlichen Glauben in Frage stellen, wählt er für sein Buch die Dialogform, »weil das, was mittels Frage und Antwort erforscht wird, vielen, und namentlich langsameren Geistern, besser einleuchtet«.[97] Anselm läßt sich von einem »Boso« fragen und erteilt ihm jeweils Antworten. Als erste wird ihm die grundlegende Frage gestellt, »aus welchem Grunde Gott, der doch allmächtig ist, die Niedrigkeit und Schwachheit der menschlichen Natur zu ihrer Wiederherstellung angenommen hat«.[98]

Die Untersuchung wird also zwar einerseits »mit Beiseitesetzung Christi, so, als ob niemals etwas von ihm gewesen wäre«[99], geführt, andererseits jedoch im Bewußtsein dessen, daß Gott in Jesus Christus Mensch geworden ist. Das gesamte Werk ist in diesem Sinne getragen von einem Glauben, der eine »vernünftige Begründung« sucht, die als solche nicht von diesem Glauben abhängt. Die lateinische Formel dafür hieß bezeichnenderweise: fides quaerens intellectum.

Diese Grundstruktur des Vorgehens ist zuweilen rundweg abgelehnt worden. Man sagte, es handele sich um einen Zirkelschluß: der Glaube werde hier bei der intellektuellen Begründung schon

[96] Anselm von Canterbury, CUR DEUS HOMO – Warum Gott Mensch geworden, Darmstadt 1956, S. 3.

[97] Ebd., S. 11.

[98] A.a.O., S. 13.

[99] Vgl. oben.

vorausgesetzt und dann am Ende nochmals bewiesen. Angesichts dieser Argumentation muß jedoch an eine alltägliche Erfahrung erinnert werden: Wer einen Raum schon einmal im vollen Licht gesehen hat, der erkennt auch im Dämmerlicht Gegenstände, die er bei dieser schwachen Beleuchtung sonst kaum erkennen würde. Er erkennt sie jedoch nunmehr tatsächlich.

Grundsätzlich muß zudem mitbedacht werden, daß uns der intellektuelle *Nach*vollzug eines Wahrheitsbeweises bedeutend leichter fällt als die eigenständige Erkenntnis der gleichen Wahrheit. Auch hierfür gibt es ständig Erfahrungen aus unserem Alltag: Ein Schüler, dem der Satz des Pythagoras von einem Lehrer im Unterricht vorgeführt wird, vermag ihn im Nachvollzug zumeist »eigenständig« zu verstehen, obgleich er ihn völlig auf sich gestellt nicht gefunden hätte. Aus derartigen Erfahrungen ist klar, daß der Grundgedanke, mit Hilfe des Glaubens zu einer philosophischen Erkenntnis zu kommen, die man ohne den Glauben kaum gewonnen hätte, durchaus ernstzunehmen ist und nicht vorschnell zur Seite geschoben werden darf.

Mit diesen Hinweisen wird selbstverständlich die Frage nicht beantwortet, ob und bei welchen Fragen in dem Buch CUR DEUS HOMO vorschnelle Argumentationen zu finden sind. Anselm selbst schließt den Dialog mit den zurückhaltenden Worten: »Wenn wir etwas sagten, was zu verbessern ist, so lehne ich die Verbesserung nicht ab, falls sie begründet geschieht. Wenn aber das, was wir auf dem Vernunftwege gefunden zu haben glauben, durch das (biblische) Zeugnis der Wahrheit bekräftigt wird, so müssen wir es Gott, nicht uns zuschreiben, ›der hochgelobt ist in Ewigkeit. Amen‹.«[100]

Die scholastische Methode einer »wissenschaftlichen« Klärung bot sich insbesondere auch dann an, wenn die christliche Überlieferung Aussagen enthielt, die sich zu widersprechen schienen. Bezeichnenderweise betitelt einer der führenden Denker der damaligen Zeit, Peter Abaelard, seine wichtigste Untersuchung: »sic et non« – ja und doch auch nein. Diese Schrift, die 1121/22 abgefaßt wurde, hat sowohl vom Inhalt wie insbesondere auch von der

[100] Vgl. Anselm, a.a.O., S. 155.

Methode der Darstellung auf die weitere Entwicklung einen erheblichen Einfluß ausgeübt.

Die Vorgehensweise der scholastischen Philosophie vollzog sich nunmehr im wesentlichen in drei Schritten:

1. *quaestio:* Die Frage wurde klar herausgearbeitet.
2. *distinctio:* Die ins Spiel kommenden Begriffe wurden gegeneinander abgegrenzt und die Unterscheidungsmerkmale herausgearbeitet.
3. *disputatio:* Es erfolgte die Erörterung von Gründen und Gegengründen.

Zu einem gewissen Abschluß kam die erste Phase der scholastischen Entwicklung durch die Sentenzen des Petrus Lombardus. Hierbei handelt es sich um eine systematische Zusammenfassung der bis dahin entwickelten Theologie. Sie erschien in der Mitte des 12. Jahrhunderts und ist in vier Bücher gegliedert. Das erste handelt von Gott als dem absoluten Guten, das zweite von den Kreaturen, das dritte von der Menschwerdung und Erlösung und das vierte von den sieben Sakramenten, in denen uns das Heil vermittelt wird, und von den »letzten Dingen«.

Zum Motiv für die Abfassung des Werkes schreibt Petrus Lombardus selbst, er wolle das Licht der Wahrheit auf den Leuchter stellen und dem nach Wahrheit Suchenden helfen, indem er ihm die Mühe nimmt, in einer Fülle von Büchern jeweils selbst das Notwendige herauszusuchen. Bei seiner Arbeit griff er weitgehend auf die patristische Tradition zurück und berief sich insbesondere auf Augustinus, aber auch auf Hilarius, Ambrosius, Hieronymus, Gregor den Großen und andere. Sein Werk zeichnet sich insgesamt durch Klarheit und Knappheit aus. Dadurch wurde es zu einem der wichtigsten theologischen Kompendien des Mittelalters.

Die metaphysische Frage wurde also nunmehr beantwortet, indem alle bislang bekannten Quellen der Wahrheitserkenntnis ins Spiel gebracht wurden. Mit Hilfe des Glaubens hoffte man, zu tieferen philosophischen Erkenntnissen zu kommen.

2. Die Mystik als Gegenbewegung gegen einen einseitigen Rationalismus

Als Petrus Lombardus seine Sentenzen schrieb, gab es zur scholastischen Philosophie jedoch schon eine Art »Konkurrenz« oder auch Gegenbewegung: die Mystik. Allerdings gibt es diese in nahezu allen Kulturen und zu nahezu allen Zeiten. Ihr gemeinsames Kennzeichen ist eine unmittelbare Begegnung des Menschen mit der Gottheit bzw. dem tiefsten Grund der Welt.[101]

Auch im Christentum hat es von Anfang an Mystik gegeben. Ob man allerdings Paulus[102] so deuten kann, wie es die Realenzyklopädie von Brockhaus versucht, muß offenbleiben.[103] Denn Paulus versichert zwar einerseits, daß er in Christus und aus Christus lebt, unterscheidet jedoch klar zwischen diesem Leben »im Fleische« und dem künftigen. Daher erklärt Paulus im Hinblick auf seinen Tod: »Ich habe das Verlangen, aufzubrechen und mit Christus zu sein; denn das wäre weitaus das Bessere; das Verweilen im Fleisch aber ist notwendiger um euretwillen. Und im Vertrauen darauf bin ich gewiß, daß ich noch bleibe und verweile unter euch allen, zu eurem Fortschritt und zu eurer Freude im Glauben ...«[104]

Von einem mystischen Erlebnis des Paulus kann man wohl am ehesten sprechen, wenn er berichtet: »Ich kenne einen Menschen in Christus, der vor vierzehn Jahren – ob im Leibe, das weiß ich nicht, oder außer dem Leibe, das weiß ich nicht, Gott weiß es – bis zum dritten Himmel entrückt wurde, und ich weiß, daß der betreffende Mensch ... ins Paradies entrückt wurde und unsagbare Worte vernahm, die einem Menschen auszusprechen versagt sind.«[105] Wie dieses Erleben des Apostels Paulus zustande kam, wissen wir nicht.

In der Folgezeit reichen die Auslöser mystischer Erfahrungen von einer einfachen Offenheit gegenüber Gott bis hin zu Gebets-

[101] Wie später noch darzulegen ist, spielt sie in dieser Form auch in der New-Age-Bewegung eine wichtige Rolle.

[102] Gal. 2,19f.; 2. Kor. 4,10f.; Phil. 1,21.23.

[103] Auf die umfangreiche Literatur zu dieser Frage kann bei diesen knappen Überlegungen nicht eingegangen werden.

[104] Phil. 1,23ff.

[105] 2. Kor. 12,2–4.

techniken und psychischen Manipulationen. So lehrt bereits im 4. Jahrhundert der als Pseudomakarios bekannte Symeon von Mesopotamien, der Weg zum Aufstieg zu Gott bestehe in einer mit rhythmischem Ein- und Ausatmen verbundenen ständigen Wiederholung des Gebetes »Herr Jesus Christus, erbarme dich meiner«[106]. Zwei Jahrhunderte später verfaßt ein Eremit am Sinai eine dreißig Stufen zählende »Leiter des Paradieses«[107]. Schon früh wird auch die gesamte Körperhaltung in die Meditationstechniken einbezogen. Das Kinn ruht auf der Brust und der Blick ist zum Nabel gerichtet. Mystik wird bei derartigen Praktiken geradezu erlernbar. Neben solchen Versuchen hat es allerdings zu allen Zeiten auch echte mystische Gotteserfahrungen gegeben. Sie bildeten jedoch keine die Allgemeinheit prägende Bewegung.[108]

Das änderte sich, als die Scholastik – in vielen Fällen mit einem einseitigen Rationalismus – Theologie und Philosophie ausbaute und zu einer Einheit verschmolz. Viele Fromme sahen die Gefahr, daß der Glaube nur noch mit dem Verstand dargelegt, jedoch nicht im Herzen verankert werde.

Dieser Gefahr zu begegnen war das große Anliegen Bernhards von Clairvaux. Er anerkennt zwar den Wert und Nutzen wissenschaftlicher Studien, aber das Wissen um des Wissens willen, das nicht zugleich der Erbauung dient, erscheint ihm als ventosa loquacitas philosophorum.[109] Ihm ging es positiv darum, Jesus den Gekreuzigten zu erfahren und zu erleben. Es ging ihm also weniger um einen »objektiven« Beweis der Wahrheit als vor allem um ein persönliches Erleben dieser Wahrheit in der Betrachtung. Äußerste Steigerung dieser Betrachtung ist die Ekstase, in der Gott und die Seele zu einer Einheit werden, ohne daß die eigene Substanz der Seele verloren geht. In seinem Buch DE DILIGENDO DEO, das um 1126 geschrieben wurde, vergleicht er das Einswerden der Seele mit Gott mit einem Wassertropfen, der, in viel Wein gegossen, seine

[106] Vgl. UNA SANCTA, Zeitschrift für ökumenische Begegnung 1/1988: Geistliche Erfahrung – Mystik und Gemeinschaft.

[107] Vgl. ebd.

[108] Vgl. hierzu insgesamt Hugo Staudinger, Mystik, Sex und Manipulation, Katholische Bildung, Februar 1989, S. 65–75.

[109] Serm. in Kant. 58 N 7.

eigene Natur zu verlieren scheint, indem er Geschmack und Farbe des Weines annimmt.

Der Grundgedanke Bernhards von Clairvaux, daß die Mystik eine notwendige Ergänzung der Scholastik, jedoch keine ausschließende Alternative sei, wurde in der Folgezeit bewußt weiterentwikkelt. Repräsentativ dafür ist der in St. Victor vor den Toren von Paris wirkende Hugo, »der alle geistigen Strömungen seiner Zeit in einer Gesamtordnung zu vereinigen suchte. ›Lerne alles, und du wirst sehen, daß nichts überflüssig ist, eingeengtes Wissen macht keine Freude!‹ war seine Meinung. Er war davon überzeugt, ›daß alle natürlichen Wissenschaften dem Wissen von Gott dienen und ein richtig geordnetes Wissen um niedrigere Dinge zu dem Wissen um höhere Dinge führt‹. Scholastik und Mystik waren für Hugo von St. Victor . . . zwei Grundhaltungen des Menschen, die ihrer gegenseitigen Ergänzung bedurften«.[110]

So lebenswirksam die Mystik in der Folgezeit wurde, so wenig hat sie einen unmittelbaren eigenen Beitrag zur Lösung metaphysischer Fragen geleistet. Die mystische Gotteserfahrung war eine ihrer Natur nach persönliche Erfahrung, aus der zwar *auch* Wissen fließen konnte, allerdings ein Wissen, das sich rational nicht weiter vermitteln und systematisieren ließ. Hierin unterscheidet sich die Mystik sowohl von der rein philosophischen Argumentation, die eine intellektuelle Beweisführung sucht, wie auch von den biblischen Beweisen, die aus geschichtlichen Erfahrungen und deren Bezeugung gewonnen werden. Versuche, die Mystik zu einer intersubjektiven Beweisbasis zu machen, endeten eher in psychischen Manipulationen als in einer positiven Erweiterung des geistigen Horizonts.[111] Daher hat die Mystik insgesamt allenfalls indirekt durch von ihr geprägte Menschen zur Beantwortung metaphysischer Fragen beigetragen. Zudem jedoch gibt ihre Existenz selbst einen beachtenswerten Hinweis zur Erarbeitung anthropologischer Interpretationen.

[110] Heribert Hilgenberg und andere, Unsere Geschichte unsere Welt, Bd. 1, S. 293.

[111] Vgl. hierzu: Hugo Staudinger, Mystik, Sex und Manipulation, Katholische Bildung, Heft 2, 1989, S. 65ff.

3. Die Integration von Theologie und Philosophie bei Thomas von Aquin

Die Bewährungsprobe und zugleich der Höhepunkt der scholastischen Philosophie wurde durch einen Anstoß von außen herbeigeführt. Von dem seit dem 8. Jahrhundert islamischen Spanien drangen damals neue philosophische Strömungen nach Europa ein. Sie waren zum großen Teil eine Übernahme und Fortentwicklung der antiken Philosophie.[112] Einer der bedeutendsten Vermittler war der Philosoph Averroes († 1198), dessen Gedanken vor allem an Aristoteles orientiert waren. Schon früh geriet er in Konflikt mit den streng orthodoxen Anhängern des Islam. Denn die Averroisten bauten die aristotelische Lehre von der Ewigkeit der Welt mit einer deterministischen Tendenz so aus, daß weder für einen frei handelnden persönlichen Gott noch für die menschliche Willensfreiheit Raum blieb. Dies schien ihnen jedoch verhältnismäßig unproblematisch, da Averroes auch die persönliche Unsterblichkeit leugnete.

Als die Averroisten zunehmend auch in Paris Einfluß gewannen, wurde nicht nur der Islam, sondern auch das Christentum durch sie herausgefordert. Die Wirkungen waren um so nachhaltiger, da etwa um 1250 unter dem Einfluß Sigers von Brabant Aristoteles vom Arabischen ins Lateinische übersetzt und damit allgemein zugänglich wurde. Es entstand eine akute Gefahr für den christlichen Glauben und die christliche Theologie. Daher erließen die Päpste schließlich strenge - aber letztlich doch wirkungslose - Aristotelesverbote.

Die in dieser Weise festgefahrene geistige Situation wurde von Albertus Magnus und seinem Schüler Thomas von Aquin gemeistert. In einem Zweifrontenkampf gegen die Averroisten und gegen die streng kirchlichen Aristotelesgegner lösten sie zunächst den

[112] In diesem Zusammenhang sei daran erinnert, daß Kaiser Justinian im Jahre 529 die Akademie in Athen schloß und daß die letzten Neuplatoniker sodann im persischen Reich Zuflucht fanden, wo sie eine lebhafte Übersetzertätigkeit entfalteten. Die dadurch gegebene Basis wurde später vom Islam aufgenommen und weiterentwickelt.

Aristoteles aus der einseitigen Interpretation der Averroisten: Von einem ihrer Ordensbrüder ließen sie ihn direkt aus dem Griechischen ins Lateinische übersetzen und befreiten ihn so von den Eigenwilligkeiten des arabischen Textes. Sodann legte Thomas von Aquin in seinen Auseinandersetzungen mit Aristoteles dar, daß aus dem gegenwärtigen Bestand der Welt keineswegs auf deren Ewigkeit geschlossen werden könne und daher kein Widerspruch zwischen der vorgefundenen Welt und der Schöpfungslehre der Kirche bestehe.[113] Im Gegensatz zu seiner Kritik an der aristotelischen Lehre von der Ewigkeit der Welt hielt Thomas von Aquin allerdings an dessen Überzeugung von der Konstanz der Arten fest. Durch eine entsprechende Interpretation der Genesis erklärte er sie für mit der kirchlichen Lehre vereinbar.[114]

Von grundlegender und folgenschwerer Bedeutung ist die Art und Weise, wie Thomas in seiner theologischen Summe die allgemeine Lehre von Gott in enger Anlehnung an Aristoteles als »Metaphysik« entwickelte. Der Grundgedanke dazu war bereits durch die scholastische Tradition vorgegeben. Hatte Anselm von Canterbury einst versprochen, seine philosophischen Überlegungen so darzulegen, als wenn es keine Offenbarung durch Christus gegeben hätte, so konnte Thomas von Aquin nunmehr durch seinen Rückgriff auf die Metaphysik des Aristoteles aufzeigen, daß die geoffenbarte Lehre über das Sein Gottes tatsächlich auch ohne Kenntnis der Offenbarung bereits von vorchristlichen Philosophen vorgelegt worden war.

Erst bei der Frage nach der Personalität Gottes, also bei der Darlegung der Trinitätslehre, mußte sich Thomas weithin auf die biblische Offenbarung stützen. Ohne die Trinitätslehre konsequent zu bedenken, definiert er jedoch die »Person« im Anschluß an den Philosophen Boethius als »naturae rationalis individua substan-

[113] Auch hier geht es also um die Frage des Verhältnisses der beiden Bücher – der Bibel und der Natur – zueinander.

[114] Schon an dieser Stelle sei darauf hingewiesen, daß sich hieraus in späterer Zeit die Ablehnung der von Darwin und anderen vertretenen Entwicklungslehre ergab.

tia«.[115] Er wendet also auch auf die Person das von der Antike überkommene Substanz-Akzidenzien-Modell an.

Da in den folgenden Jahrhunderten die von Thomas von Aquin akzentuierte und geprägte scholastische Philosophie weithin[116] als *die* christliche Philosophie galt, wurde auf diese Weise (1) die Metaphysik des Aristoteles zu einem Grundbestand der christlichen Gotteslehre. Zugleich wurde (2) das Substanz-Akzidenzien-Modell als die angemessene Basis für jede Erklärung der Wirklichkeit betrachtet und auch auf die Person bezogen. Dadurch wurde (3) die scholastische Konzeption der Abfolge quaestio – distinctio – disputatio erneut aufgenommen und der Eindruck geweckt bzw. verstärkt, man könne bei einer konsequenten Anwendung dieser Methode letzten Endes alle Fragen rational zufriedenstellend klären.

Ob Thomas von Aquin selbst diese Illusion gehabt hat, ist umstritten. Nach einer Überlieferung weigerte er sich im Dezember 1273 unvermittelt, sein Hauptwerk, die »summa theologiae«, fertigzustellen, und erklärte kategorisch: »non possum.«[117] Tatsächlich ist die Summa zunächst ein Fragment geblieben, das allerdings schon rasch durch Ergänzung der fehlenden Teile aus früheren Schriften vervollständigt wurde. Anstoß für das »non possum« des Thomas soll eine mystische Erfahrung gewesen sein, die ihm bewußt gemacht habe, wie unvollkommen sein Werk sei.

Von den Experten ist bislang Josef Pieper der einzige, der diese Überlieferung positiv aufnimmt. Er interpretiert sie im Gesamtzusammenhang seines eigenen philosophischen Verständnisses: Einerseits strebt der Mensch ständig nach Wahrheit, andererseits übersteigt die volle Wahrheit die menschlichen Möglichkeiten des Verstehens und vor allem des sprachlich Faßbaren. Pieper zitiert

[115] Diese Definition berücksichtigt die wesenhafte Bezogenheit der Personen zueinander nicht, sondern reduziert faktisch diese Bezogenheit auf die Ebene der Akzidenzien.

[116] Über gewisse Abweichungen wird im folgenden noch zu berichten sein.

[117] Ob das »non possum« tatsächlich vollumfassend interpretiert werden muß, ist umstritten. Thomas bricht seine Arbeit ab im Kapitel über die Eucharistie. Dementsprechend kann dieses Verhalten auch gezielt so interpretiert werden, daß Thomas ergriffen war von der Unbegreiflichkeit der sakramentalen Gegenwart Gottes.

Thomas: »rerum essentiae sunt nobis ignotae - die Wesenheiten der Dinge sind uns unbekannt.«[118]

Diese Hinweise zeigen zugleich die Problematik der gesamten überkommenen Philosophie und insbesondere die des platonisch-aristotelischen Ansatzes. Dieser war darauf ausgerichtet, die Ideen bzw. Wesenheiten der Dinge zu erkennen und begrifflich zu definieren, während er die Akzidenzien für wissenschaftlich unzugänglich ansah. Nunmehr wurde die Frage gestellt, ob angesichts der Grenzen der menschlichen Fassungskraft die Reihenfolge nicht umgekehrt werden müsse: Die Akzidenzien seien uns Menschen weithin erkennbar, während wir uns den Substanzen nur einigermaßen nähern können.

4. Kritische Fragen an den Thomismus

Obgleich der Thomismus, wie schon gesagt wurde, in den folgenden Jahrhunderten geradezu als *die* christliche Philosophie galt, gab es auch Gegenbewegungen und Korrekturversuche. Die mannigfaltigen Varianten von Kritik und Gegenkritik im einzelnen aufzuführen, ist im Rahmen der hier anstehenden Überlegungen weder möglich noch sinnvoll. Die Kritik am Thomismus ging vor allem von den Franziskanern aus. Sie war in mancher Hinsicht bereits vorprogrammiert: Im Bemühen um die Aristoteles-Rezeption hatten die beiden Bettelorden an der Pariser Universität die Errichtung je eines Lehrstuhls erreicht. Hier verpflichteten die Dominikaner ihre Mitglieder und Anhänger auf ihren Ordensbruder Thomas von Aquin. Die Kritik der rivalisierenden Franziskaner erhielt ihre eindrucksvollste und eigenständigste Ausprägung durch Johannes Duns Scotus.

Bei den kommenden Auseinandersetzungen ging es zwar zunächst um die bessere, das heißt wahrheitsgemäßere philosophische Einsicht, zugleich jedoch auch um den Einfluß der jeweiligen »Schule« und um deren Anerkennung durch die Kirche.

[118] qu. 10 Art. 1 c.

Duns Scotus, der Repräsentant der Franziskaner, lehrte zunächst in Oxford, dann in Paris und schließlich in Köln, wo er im Jahre 1308 im frühen Alter starb. Wie viele seiner Mitbrüder orientierte sich Duns Scotus vor allem an Augustinus. Mit Nachdruck vertritt er den Gedanken der Freiheit und damit verbunden den Primat des Willens, den er dem Intellekt überordnet. Die in der Mystik vertretene Formel »Gott wird soweit erkannt, wie er geliebt wird«[119], fand bei ihm eine umfassende Begründung.

Für die Folgezeit besonders bedeutsam war die positive Herausstellung der Individualität. Da sich Liebe stets in Freiheit dem unvertauschbaren Einzelnen zuwendet, besteht zwischen dem Gedanken der Hochschätzung des Individuellen und dem des Primats von Liebe, Freiheit und Willen ein enger innerer Zusammenhang. In der bisherigen metaphysischen Tradition erschien die allgemeine Wesenheit als das Grundlegende, dagegen betrachtete man die jeweilige individuelle Ausprägung als etwas durch die Materie akzidenziell Hervorgerufenes und daher mehr oder weniger Zufälliges.

Demgegenüber betont Duns Scotus, die individuelle Ausprägung sei keine Minderung der reinen Wesenheit bzw. Idee. Vielmehr komme zur allgemeinen Wesenheit noch etwas weiteres, durchaus Positives hinzu.[120] Beispielhaft legt Duns Scotus dar, ein konkreter Mensch wie etwa Sokrates sei keineswegs eine unvollkommene Realisierung des allgemeinen Menschseins, sondern zum allgemeinen Menschsein trete hier etwas spezifisch Positives hinzu, nämlich – wie er es nennt – die Socratitas, also das Sokratessein.

Die Konsequenzen dieser Gedanken wurden jedoch damals offensichtlich nicht voll erkannt und die grundlegende Bedeutung der Individualität im Rahmen einer von Liebe geprägten Schöpfung eines dreifaltigen Gottes nicht bedacht.

[119] So formuliert z.B. Bernhard von Clairvaux.

[120] Dabei beruft sich Duns Scotus in seiner Aussage über die Bedeutung der individuellen Ausprägung auf Richard von St. Victor, der nach seinem eigenen Verständnis seine Aussage über die Person als eine »Beschreibung« betrachtet.

5. Metaphysische Impulse und Alternativen durch Darstellung und Interpretation der Geschichte

Wie dargelegt wurde, war die Einnahme Roms durch die Goten im Jahre 410 Anstoß, über den Gang der Geschichte nachzudenken und dabei eine theologische Interpretation zu suchen, die angesichts des tatsächlichen Verlaufs der Geschichte Bestand haben konnte. Ergebnisse waren die Werke des Kirchenlehrers Augustinus und des Priesters Orosius, wobei Augustinus vor allem eine grundlegend *neue Interpretation* des geschichtlichen Geschehens vorlegte, Orosius eine entsprechende Darlegung der gesamten bisherigen Geschichte unter Benutzung aller, also auch der »heidnischen« Quellen.

Angesichts dieser vorausgegangenen Leistungen bedurfte es auf dem Höhepunkt der mittelalterlichen Geschichtsschreibung keiner grundlegend neuen Interpretation, sondern es ging darum, die vorliegenden Werke des Augustinus und Orosius angesichts der inzwischen beträchtlichen Weiterentwicklung neu zu bedenken und zu ergänzen. In diesem Sinne bekennt der bedeutendste Historiker des Mittelalters, Bischof Otto von Freising: »Ich folge aber in diesem Werk hauptsächlich den beiden berühmten Kirchenvätern Augustin und Orosius, und aus diesen Quellen will ich schöpfen, was zur Sache und zum Thema gehört.«[121]

Die Berufung auf Augustinus war damals keine Selbstverständlichkeit, sondern eine beachtenswerte eigenständige Entscheidung Ottos von Freising. Denn die Zwei-Staaten-Lehre des Augustinus war innerhalb der mittelalterlichen Geschichtsschreibung vorher faktisch nicht beachtet worden.[122] Von der Bescheidenheit und

[121] Otto von Freising, Chronik oder Geschichte der zwei Staaten, Freiherr vom Stein - Gedächtnisausgabe Bd. XVI, S. 14.

[122] Dazu heißt es in: Anna-Dorothee von den Brincken, Studien zur lateinischen Weltchronik bis in das Zeitalter Ottos von Freising, 1957, S. 223: »Otto knüpft ausdrücklich an Augustinus an. Er ist nicht der erste, der sich den Kirchenvater zum Vorbild wählt, wohl aber der erste, der den augustinischen Ideen gerecht wird. Nur Frechwulf (825–830) hatte mit dem Versuch begonnen, die Civitates in eine Weltchronik einzuführen und mit ihrer Hilfe die Geschichte auszudeuten, aber bereits nach den ersten Seiten seiner Chronik wieder davon Abstand genommen.«

Sorgfalt des Bischofs von Freising zeugen einige Sätze seiner Einleitung: »Denn ich habe ja nicht aus Unbesonnenheit oder Leichtsinn, sondern aus Liebe, die stets die Unerfahrenheit zu entschuldigen weiß, ein solch schwieriges Werk in Angriff zu nehmen gewagt, obwohl ich dafür keine Vorbildung habe.[123] Und niemand wird mich bei Vorgängen, die nach der Auffassung unserer Zeit vielleicht unglaublich erscheinen, mit Recht der Lüge zeihen können, da ich bis zur jüngsten Zeit nur das aufgenommen habe, was ich in den Schriften zuverlässiger Männer gefunden, weniges nur von vielen.«[124]

Wenn er seine Weltchronik mit der Schöpfung beginnt, so folgt Otto der durch Augustinus und Orosius vorgegebenen Tradition.[125] Neu ist jedoch bei Otto von Freising, daß er das Programm einer Gesamtübersicht über die Geschichte auch im Hinblick auf das Ende der Geschichte abrundet. Die konkrete Geschichte bis in seine Zeit schließt im 7. Buch mit einem Kapitel über die Mönche, da nach Ottos Überzeugung um derentwillen Gott »der allbarmherzige Richter die Sündhaftigkeit der Welt erträgt«.[126] Die Mönche sorgen also nach dieser Überzeugung Ottos von Freising für eine Art inneren Ausgleichs gegenüber der Bosheit der Welt.

Dieser Hinweis auf die Mönche bildet jedoch noch nicht den Abschluß der Chronik. Vielmehr folgt noch ein achtes Buch. Es »handelt vom Antichrist, von der Auferstehung der Toten und vom Ende beider Staaten«.[127] Es gehört also nach der Überzeugung Ottos von Freising zur Vollständigkeit einer Weltchronik, auch über das Ende der Welt zu handeln. Dabei kann sich Otto naturgemäß nicht auf historische Quellen im üblichen Sinne stützen. Er folgt vielmehr, diese interpretierend, den prophetischen Schriften des Alten und des Neuen Testaments.

Dabei sucht Otto sich von willkürlichen Spekulationen freizuhalten. Sofern er eigene Gedanken überhaupt zu erwägen gibt, unter-

123 quamvis indoctus.
124 Otto von Freising, ebd. S. 17.
125 Bezeichnenderweise heißt die Überschrift zum zweiten Kapitel des ersten Buches: »Wie Adam nach der Vertreibung aus dem Paradies Bürger beider Staaten zeugte . . .« (ebd. S. 19).
126 Ebd. S. 561.
127 Ebd. S. 17.

scheidet er sie klar von den durch die Heiligen Schriften gesicherten Prophetien, indem er z.B. einschaltet »so meine ich«[128] oder erklärt: »Wenn nun manche behaupten ... so erhebe ich keine Einwendungen dagegen.«[129]

Otto von Freising betrachtet seine Weltchronik primär als ein philosophisches Werk. So bittet er den Kanzler Rainald von Dassel, dem Kaiser, dem er das Buch zugeschickt hat, ein guter Interpret zu sein, da er als Philosoph dazu hervorragend geeignet sei.[130] Dieser Brief an Rainald von Dassel zeigt auch, wie ernst sich Otto um Objektivität bemüht: »So möge Eure Erlauchtheit nicht unwillig sein und ... vor den kaiserlichen Ohren nicht zum Bösen deuten, wenn in unserer Geschichte um der Wahrheit willen irgend etwas gegen seine Vorgänger oder gegen seine Vorfahren gesagt ist, denn es ist besser, Menschen in die Hände zu fallen, als durch Schminken eines häßlichen Antlitzes die Pflicht des Geschichtsschreibers zu verletzen.«[131]

Im Gegensatz zu Otto von Freising, der sich sowohl in der Darstellung wie in der Beurteilung um Objektivität bemüht und eigene Gedanken und Spekulationen nur mit Vorsicht und Zurückhaltung einschaltet, tritt bei dem eine Generation jüngeren Joachim von Fiore (1130–1202) die spekulative Deutung in den thematischen Mittelpunkt der Darstellung. Mit Recht spricht die Philosophiegeschichte von Ueberweg von einer »phantasievollen Ausdeutung« der Geschichte der Menschheit und der Kirche.[132]

Diese Ausdeutung bedeutet eine neue Akzentuierung gegenüber den bisherigen christlichen Geschichtsdarlegungen. Sie zeichnet sich durch eine selbstbewußte und zugleich eigenwillige Interpretation aus, die sich allerdings auf die Trinitätslehre beruft. Während die Schöpfung auch bislang primär dem Vater zugeordnet, jedoch zugleich ihr Bezug zu Jesus Christus und ihre Vermittlung durch den Heiligen Geist hervorgehoben wurde, benutzte Joachim von Fiore nunmehr die Trinität als Gliederungsprinzip der

[128] VIII 3.
[129] Ebd.
[130] Ebd. S. 7.
[131] Ebd. S. 9.
[132] A.a.O., S. 249.

Geschichte: Er unterschied das Zeitalter des Vaters, das mit der Schöpfung begonnen habe, das Zeitalter des Sohnes, das durch die Erlösung eingeleitet wurde, und das Zeitalter des Heiligen Geistes, dessen Anfang Joachim von Fiore mit dem Anfang des 13. Jahrhunderts gleichsetzte. In ihm werde die Verkündigung des »Evangelium aeternum« erfolgen, das vom Heiligen Geist mitgeteilt werde. In visionären Darlegungen verkündet Joachim tiefgreifende Umwälzungen und Reformen, die zu einer Vergeistigung der Kirche und ihrer Institutionen führen würden.

Bezeichnenderweise war diese Geschichtsdeutung mit einer eigenwilligen Umgestaltung der Trinitätslehre verbunden: Die drei göttlichen Personen wurden als eine kollektive Einheit betrachtet. Diese Spekulationen Joachims fanden eine erstaunliche Beachtung und eine begeisterte Anhängerschaft. Dabei geriet die ursprüngliche Offenbarungslehre immer weiter in den Hintergrund. Beispielhaft sei auf Amalrich von Béne hingewiesen, der an die Personendefinition des Boethius anknüpft und erklärt »Deus est omnibus forma essendi«, womit er pantheistischen Gedanken Tür und Tor öffnete. Gott als die universale Form aller Schöpfung garantiere deren Einheit untereinander und mit Gott selbst.

Insgesamt blieben bei Joachim von Fiore und seinen Anhängern die Spekulationen über die Geschichte zwar noch mit Grundgedanken der Offenbarung verbunden, wurden jedoch weithin verselbständigt. Statt seine Spekulationen den Heiligen Schriften zu entnehmen oder sie zumindest ihnen überzeugend unterzuordnen, machte Joachim von Fiore umgekehrt seine Spekulationen zum Prinzip der Interpretation der Heiligen Schriften und ordnete auf diese Weise die Offenbarung faktisch seinen Gedanken unter. Damit war die Geschichte bzw. ihre Interpretation von einer strengen Bindung an historische Tatsachen und geoffenbarte Sinndeutungen gelöst. Dadurch wurde sie »frei« für subjektive Auslegungen und ideologische Instrumentalisierungen.

V. Neuentdeckung der diesseitigen Realität

1. Die Renaissance der weltlichen Kultur

Ein Impuls zu einer grundlegend neuen Haltung des Menschen zu metaphysischen Fragen ging seit dem 14. Jahrhundert von Italien aus. Allerdings zielten die Anfänge dieser Bewegung keineswegs unmittelbar auf eine metaphysische Neubesinnung ab. Ausgangspunkt der neuen Bewegung waren die italienischen Städte. Im Gegensatz zum übrigen Europa besaßen sie Stadtschulen und Fachhochschulen, in denen einzelne Fertigkeiten und Wissenschaften – insbesondere Jurisprudenz und Medizin – ohne eine strenge Bindung an Theologie und Philosophie gelehrt wurden. Das gebildete Laienbürgertum wurde zum Träger einer neuen Geisteshaltung. Vorkämpfer waren Männer wie Petrarca und Rienzi, die beide in einem lebendigen Verhältnis zur Antike standen. Die alten Autoren begeisterten Rienzi für die römische Verfassung. Erneuerung der Größe Roms war sein Ziel. 1347 vertrieb er die Führer der Adelsparteien aus Rom und übernahm als »Volkstribun« eine nahezu diktatorische Herrschaft. Alle Großen Italiens lud er zu einem Kongreß in die alte Hauptstadt der Welt. In prunkvollen Reden feierte man die alte und die wiedererstehende Größe Roms.

Aber ein Stimmungsumschwung machte der Herrschaft Rienzis schon bald ein Ende. Jetzt erschien der »Volkstribun« in Prag bei König Karl IV. und mahnte ihn zum Romzug. Als Karl IV. im Jahre 1354 tatsächlich aufbrach und schon in Italien stand, kam Rienzi jedoch bei einem weiteren Versuch politischer Umgestaltung in Rom ums Leben.

Jetzt trachtete Petrarca, Karl IV. für eine Erneuerung der Größe Roms zu begeistern. Dieser ließ sich zwar in Rom zum Kaiser krönen, zog jedoch dann – fast fluchtartig – wieder nach Norden ab. Verbittert erklärte ein Florentiner Chronist, »unkaiserlich wie ein Krämer« habe Karl IV. sich die Krone geholt, die Kassen gefüllt, aber Rom und Italien seinen Nöten überlassen.

Durch den Tod Rienzis und das Verhalten Karls IV. waren die politischen Hoffnungen der italienischen Patrioten zunichte geworden. Angesichts dieser Rückschläge mahnte Petrarcas Freund Boccaccio, Rom solle sich »bemühen, als Ersatz für das gefallene Imperium durch seine Kunst und Poesie eine neue Majestät vom Kapitol her aufzurichten«.[133] Diese Mahnung traf sich mit einer geistigen und künstlerischen Bewegung, die tatsächlich schon längst im Gange war.

Die Menschen wurden von einem neuen Selbstbewußtsein und einem Drang nach Lebensfülle und Lebensgenuß ergriffen. Sie strebten nach Entfaltung und Steigerung all ihrer Kräfte. Die Welt sollte neu gestaltet werden, insbesondere sollte Italien, das Land des alten Rom, in neuer Größe erstehen.

Angesichts dieses emotionalen Gestaltungswillens verblaßten die als abstrakt und gekünstelt empfundenen Prinzipien der spätscholastischen Gelehrsamkeit. Eine Erneuerung der Wissenschaft schien nur durch eine neue Weltoffenheit im geistigen Kontakt mit den lebensvollen Menschen der Antike möglich zu sein. Das neue Selbstverständnis des Menschen und sein Verhältnis zur Wirklichkeit wird durch einige Sätze gekennzeichnet, die, wie Pico della Mirandola versichert, Gott zum ersten Menschen spricht. »Keinen festen Sitz, keine Gestaltung, keine besondere Verrichtung habe ich dir gegeben, auf daß du Wohnsitz, Gestaltung und Verrichtung dir selbst wählst, und was du wählst, soll dein sein. Alle anderen Geschöpfe habe ich mit einer bestimmten Natur bedacht und sie damit in feste Grenzen eingeschlossen. Dich engen keine Schranken ein. Nach deinem Willen, in dessen Hand ich dich gegeben habe, schaffst du sie dir selbst.«[134]

In diesen Sätzen wurde die geoffenbarte Grundwahrheit, daß der Mensch Geschöpf sei, nicht geleugnet. Er erhielt jedoch von Gott selbst eine Stellung zugewiesen, die ihm eine Freiheit und ein Selbstbestimmungsrecht sicherte, das die mittelalterlichen Vorstellungen sprengte oder zumindest überstieg. Während das Mittelalter

133 Vgl. Heribert Hilgenberg u.a., Unsere Geschichte – unsere Welt, Bd. 2, München 1963, S. 46.

134 Giovanni Pico della Mirandola, Die Würde des Menschen, Amsterdam 1940, S. 48ff.

die Schöpfung nicht ohne Schöpfer, den Leib nicht ohne Seele, menschliche Größe nicht ohne göttliche Gnade gedacht hatte, wurden jetzt die Bereiche der irdischen Wirklichkeit in ihrer jeweiligen Eigenständigkeit und Eigengesetzlichkeit neu entdeckt. Man erlebte in unmittelbarer Begegnung die Natur und suchte ihre Gesetze und Geheimnisse zu enträtseln. Man erfreute sich der Schönheit des Leibes und studierte die Anatomie des menschlichen Körpers, man bewunderte um ihrer selbst willen jedes Heldentum und jede menschliche Größe. Es gab künftig nicht nur den guten Helden, sondern auch den Helden im Bösen.

Diese neue Sicht war Gewinn und Verlust zugleich. Romano Guardini hat dazu kritisch bemerkt, das Mittelalter habe stets die letzte Wahrheit im Blick gehabt, aber die vorletzte, die doch auch Wahrheit sei, nur unzulänglich gesehen; die Neuzeit habe die Fülle der vorletzten Wahrheit neu entdeckt, dabei aber die letzte Wahrheit aus dem Auge verloren.[135] Das Christentum wurde zwar kaum bekämpft, aber mit einer religiös unentschiedenen Philosophie und Phantasie umsponnen. Eine Haltung bahnte sich an, aus der heraus der deutsche Humanist Mutianus Rufus schrieb: »Es gibt nur einen Gott und eine Göttin, aber verschiedene Vorstellungen und Namen davon, z.B. Jupiter, Sol, Apollo, Moses, Christus, Juno, Ceres, Proserpina, Tellus, Maria.«[136]

Künstlerisch fand die neue Haltung ihren eindeutigsten Ausdruck in der Malerei, weil hier – im Gegensatz zur Plastik – der Einfluß antiker Vorbilder weithin fehlte. Die neuen Meister suchten die Wirklichkeit genauer und »richtiger« darzustellen als ihre Vorgänger. Dem diente neben intensiven Beobachtungen und anatomischen Studien vor allem die neue Errungenschaft der Zentralperspektive. Sie ermöglichte eine eindeutige und »richtige« Wiedergabe der Wirklichkeit und erweckte so den Eindruck höchster Objektivität.[137]

[135] Vgl. hierzu Heribert Hilgenberg, a.a.O., S. 78.

[136] Vgl. ebd.

[137] Dieser Eindruck kommt dadurch zustande, daß die Sehweise eines einzelnen Auges von einem bestimmten Standort aus auf eine Ebene projiziert und dadurch eine für jeden nachvollziehbare Sichtweise erreicht wird. Allerdings wird zugleich die Darstellungsmöglichkeit auf den Horizont des auf diesen Standort

Allerdings war die Zentralperspektive allein auf die konkrete irdische Wirklichkeit abgestellt. Das Transzendente suchten die Renaissancekünstler daher in den weltlichen Formen transparent und damit ansichtig zu machen. Auch Christus und seine Heiligen erscheinen primär als Teilhaber der irdischen Wirklichkeit, wenngleich die Darstellung oft in »erhabenen« Formen geschieht. Gegenüber der Vollendung der künstlerischen Form beginnt die Frage nach der Wahrheit und der Bedeutung des Dargestellten in den Hintergrund zu treten. In vielen Fällen kann man es daher nur dem Titel des Bildes entnehmen, ob ein christliches Motiv, eine Szene aus dem Mythos, eine Gegebenheit der Geschichte oder ein Ausschnitt aus dem normalen Leben des Menschen dargestellt wird.[138]

Der neue geistige und künstlerische Aufbruch blieb keineswegs auf Italien beschränkt, sondern erfaßte schon bald ganz Europa. Kaiser Maximilian förderte ihn mit allen Kräften. Die Deutschen leugneten nicht, den Italienern vieles zu verdanken, aber Jakob Wimpheling rühmte seinerseits: »Auf keine Erfindung oder Geistesfrucht können wir Deutschen so stolz sein wie auf die des Bücherdrucks, die uns zu neuen geistigen Trägern der Lehren des Christentums, aller göttlichen und irdischen Wissenschaft und dadurch zu Wohltätern der ganzen Menschheit erhoben hat. Welch ein anderes Leben regt sich jetzt in allen Klassen des Volkes.«[139]

Als Repräsentant der neuen Geisteshaltung wurde Erasmus von Rotterdam geradezu wie ein König verehrt. Früh verwaist, war er von den »Brüdern vom gemeinsamen Leben«, einer freien Gemeinschaft von Priestern und Laien, in Deventer erzogen worden. Das theologische Studium an der Pariser Universität weckte in ihm Widerwillen gegen die Scholastik. Nach seiner Ansicht war eine Erneuerung der »toten Theologie« nur »durch das Studium der alten, frommen, tugendhaften Heiden und der Kirchenväter möglich«.[140]

fixierten Betrachters beschränkt. Man kann diesen Horizont durch Kunstgriffe wie Fenster und Spiegel erweitern. Was außerhalb dieses Horizonts liegt, kann und will man jedoch nicht darstellen.

[138] Bezeichnenderweise haben Bilder von Giorgione, dessen ursprüngliche Intentionen unbekannt sind, nacheinander und nebeneinander widersprechende Deutungen erfahren.

[139] Vgl. Heribert Hilgenberg u.a., a.a.O., S. 83.

[140] Ebd., S. 84.

Liebe und Herzensfrömmigkeit sollten Früchte einer »Philosophia Christi« sein, die nicht an starre äußere Formen gebunden war. Die Bedeutung von Sakrament und Dogma trat gegenüber einem praktisch-frommen Leben zurück.

In einem Brief an den Mediceer Papst Leo X. begrüßte Erasmus das neue Jahrhundert mit überschwenglichen Erwartungen: »Möge doch in diesem unserem Jahrhundert, das wahrlich ein goldenes Jahrhundert zu werden verspricht, wenn je ein goldenes gewesen ist, ich es mit ansehen können, wie unter deinen besonders glücklichen Auspizien und deiner allerheiligsten Führung jene drei vornehmen Güter des menschlichen Geschlechts wiederhergestellt werden, jene wahrhaft christliche Frömmigkeit, die auf vielerlei Weise in Verfall geraten ist, die beste Wissenschaft, die zum Teil verwahrlost, zum Teil verdorben ist, und die politische immerwährende Einheit der Christenheit, welche Quelle und Mutter ist für beide: für Frömmigkeit und Bildung.«[141]

Der neue geistige Aufbruch gab auch mannigfaltige Impulse und Anregungen für die metaphysischen Grundfragen nach Gott, Mensch und Welt. Dabei verblaßte jedoch nicht nur die formalistische und rationalistische Fragehaltung der Scholastik, sondern es ging weithin auch deren geistige Konsequenz und Disziplin verloren. Der Ernst der Wahrheitsfrage trat hinter der Ernsthaftigkeit subjektiven Empfindens und Bemühens zurück. Da sich dieses subjektiv redliche Bemühen auch bei Heiden feststellen ließ, konnten diese in einem Atemzug mit den Heiligen der Kirche genannt werden, und sogar die heidnischen Götter konnten, wie das Zitat von Mutianus Rufus zeigt, als alternative Ausdrucksformen des christlichen Glaubens an den einen Gott betrachtet werden.

2. Die Relativierung von Werten und Normen

Die Hinwendung zur irdischen Wirklichkeit und ihrer Eigengesetzlichkeit sowie die neue Aufgeschlossenheit zur heidnischen Antike

[141] Vgl. ebd.

bedeuteten zugleich eine Infragestellung des bisher als allgemein verbindlich betrachteten Wert- und Normsystems. Das zeigt sich besonders eindrucksvoll in den Darlegungen, die Machiavelli in seiner Schrift »il principe« über Prinzipien der Politik macht. Machiavelli geht nicht von theologischen oder philosophischen Grundsätzen aus. Er gewinnt seine Feststellungen vielmehr aus der Wirklichkeit, wie er sie mit wachen Augen beobachtet.

Zur Rechtfertigung dieses Vorgehens versichert er: »Nach meinem Dafürhalten ist es besser, wenn ich dem wirklichen Wesen einer Sache nachgehe als einem Phantasiegebilde von ihr. Es ist ein außerordentlicher Unterschied zwischen der Art, wie man wirklich lebt, und wie man leben sollte . . . Die Erfahrung unserer Tage lehrt uns, daß bloß jene Fürsten mächtig geworden sind, die es mit Treue und Glauben leicht nahmen und sich darauf verstanden, andere zu täuschen und zu betrügen, und daß jene, welche redlich ihre Verbindlichkeiten befolgten, am Ende übel wegkamen . . . Ein Fürst kann nicht so handeln, wie die Menschen gewöhnlich handeln sollen, um rechtschaffen genannt zu werden; das Staatserfordernis nötigt ihn oft, Treue und Glauben zu brechen und der Menschenliebe, der Menschlichkeit und Religion entgegen zu handeln.«[142]

Mit diesen Sätzen distanziert sich Machiavelli ebenso von mittelalterlichen Fürstenspiegeln, die die Gebote Gottes zur Richtschnur fürstlichen Handelns machten, wie auch von den philosophischen Überlegungen des Plato, des Aristoteles und der Scholastiker, die die Gerechtigkeit als Grundlage des Staates betrachteten.

Die Überlegungen Machiavellis haben jedoch nicht nur Bedeutung für die Politik, sondern sie signalisieren eine grundsätzlich neue Geisteshaltung: Den einzelnen Bereichen der Wirklichkeit wird eine Eigengesetzlichkeit zugesprochen, so daß deren Erfordernisse in Spannung bzw. sogar in Gegensatz zu allgemeinen Prinzipien treten können. Zur Verdeutlichung genügt es, den eben zitierten Text geringfügig zu ändern: »Die Erfahrung unserer Tage lehrt uns, daß bloß jene Geschäftsleute reich geworden sind, die es

[142] N. Machiavelli, Il principe, 18. Kapitel, vgl. K. Kluxen, Politik und menschliche Existenz bei Machiavelli, Stuttgart 1967; Th. Schieder, Machiavelli im Marxismus, in: E. Heinen / H.J. Schoeps, Geschichte in der Gegenwart, Paderborn 1972.

mit Treue und Glauben leicht nahmen und sich darauf verstanden, andere zu täuschen und zu betrügen, und daß jene, welche redlich ihre Verbindlichkeiten befolgten, am Ende übel wegkamen . . . Ein Geschäftsmann kann nicht so handeln, wie die Menschen gewöhnlich handeln sollen, um rechtschaffen genannt zu werden. Das Geschäftsinteresse nötigt ihn oft, Treue und Glauben zu brechen und der Menschenliebe, der Menschlichkeit und Religion entgegen zu handeln.«

Entscheidend ist somit, daß der Mensch der Renaissance die irdische Realität in ihrer Eigenbedeutung und Eigengesetzlichkeit entdeckt hat und es unter Berufung auf empirische Beobachtungen ablehnt, theologische und philosophische Prinzipien anzuerkennen, die von vornherein für alle Bereiche der Wirklichkeit gleichermaßen gelten. Bezeichnenderweise geht Machiavelli ja nicht von allgemeingültigen und grundlegenden Überlegungen aus, und er erhebt auch seine eigenen Erfahrungen nicht zu allgemeinen Prinzipien, sondern beschränkt sich darauf darzulegen, daß im politischen Bereich, den er untersucht, besondere Sachgesetze gelten. Dabei denkt er keineswegs daran, das Dasein Gottes oder die Wahrheit der Offenbarung grundsätzlich zu bestreiten. Er hat nur »entdeckt«, daß auch das Diesseitige Gesetzmäßigkeiten hat, und billigt der diesseitigen Realität Eigenständigkeit, Eigenwert und Eigengesetzlichkeit zu. Als Folge davon werden künftig Begriffe wie »richtig und falsch« sowie »gut und schlecht« nicht nur sub specie aeternitatis, sondern auch unter dem speziellen Gesichtspunkt des jeweiligen Sachbereichs der irdischen Realität betrachtet.

Kritsch muß allerdings mitbedacht werden, daß auch die »Weisheit« Machiavellis zeitbedingt ist. Er machte seine Erfahrungen in einer Zeit, in der die »alten« Vorstellungen von Gerechtigkeit und Redlichkeit noch nachwirkten. Seit man jedoch weiß, daß man sich auf Redlichkeit und Gerechtigkeit nicht verlassen kann, nützt das Rezept Machiavellis nicht mehr. Im Gegenteil: Man sucht bewußt den verläßlichen und redlichen Partner, so daß dieser auf einer neuen höheren Ebene eine besondere Chance hat.

Für die Zeit Machiavellis muß zusätzlich beachtet werden, daß sich die Erfahrungen der irdischen Realität damals in einer eindrucksvollen Weise ausweiteten. Neue Länder und Kontinente wurden entdeckt. Kontakte zu Völkern aufgenommen, die bislang außerhalb des Erfahrungshorizonts standen. Zugleich spaltet sich, wie im folgenden noch darzulegen ist, die Christenheit in verschiedene Konfessionen auf. Damit stand man vor der Notwendigkeit, Grundsätze für die Beziehungen der Menschen untereinander aufzustellen, die nicht an bestimmte religiöse oder philosophische »Vorentscheidungen« gebunden waren, sondern in gleicher Weise für alle Völker und alle Konfessionen den Anspruch auf Verbindlichkeit erheben konnten. Von einem »Rückgriff« auf Gott und die Offenbarung suchte man daher abzusehen.

Kennzeichnend für diese Bemühungen ist die Entwicklung des internationalen Rechtes. Hugo Grotius versuchte ein Völkerrecht zu entwickeln, das von allen Menschen ohne Rücksicht auf nationale und religiöse Verschiedenheiten anerkannt werden müsse. Als Basis berief er sich auf das »Naturrecht«.[143] In seinen Darlegungen verzichtete er nicht nur darauf, dieses Naturrecht in irgendeiner Form ausdrücklich auf Gott zurückzuführen, sondern er versicherte, auch Gott vermöge dieses Recht nicht zu ändern, ja es bestünde sogar dann, »wenn es keinen Gott gäbe«.

Soweit sich erkennen läßt, war Hugo Grotius persönlich durchaus vom Dasein Gottes überzeugt. Dennoch suchte er durch seine Argumentation eine von Gott völlig unabhängige Rechtsordnung zu schaffen. Er hoffte, daß auf dieser Grundlage Menschen verschiedener Religionen und Weltanschauungen ihre Angelegenheiten rechtlich regeln könnten. Damit wurde die Jurisprudenz zu einer »autonomen« Wissenschaft. An die Stelle der alten ethischen Verbindlichkeiten, die durch Philosophie und Religion begründet, jedoch durch ihre Spannung zu den Eigengesetzen irdischer Wirklichkeiten in Frage gestellt waren, trat eine neue Form der Verbindlichkeit: Sie wird durch Wissenschaft begründet.

[143] Daß der Begriff des Naturrechtes, sofern es nicht theologisch begründet wird, problematisch ist, hatte sich schon in der Zeit der Sophistik gezeigt.

3. Die Infragestellung bisher anerkannter Glaubensüberzeugungen

Wie dargelegt wurde, begann die Renaissance der weltlichen Kultur bereits im Mittelalter, und die Relativierung von Werten und Normen ergab sich aus den konkreten Erfahrungen, die man in der Begegnung mit dieser weltlichen Kultur machte. Die Geschichtsmächtigkeit dieser Erfahrungen wurde nicht zuletzt gefördert durch die Aufspaltung der Kirche in Konfessionen. Allerdings ist die Reformation keine »einfache« Kirchenspaltung, wie sie im Laufe der Kirchengeschichte von den frühen Schismen der ersten Jahrhunderte bis ins 19. Jahrhundert - bei der Abspaltung der Altkatholiken - immer wieder aufgetreten sind.

Anlaß solcher klassischen Spaltungen waren jeweils Glaubensfragen, die bis dahin nicht oder zumindest noch nicht eindeutig geklärt waren. Es ging jeweils um »neue« Lehrentscheidungen, die von einem Teil der Gläubigen nicht anerkannt wurden. So trennten sich als letzte die Altkatholiken von der Römischen Kirche, als die oft diskutierte, aber bis dahin nicht entschiedene Frage des Grades der Zuverlässigkeit und Verbindlichkeit von lehramtlichen Entscheidungen des Papstes auf dem Ersten Vatikanischen Konzil zugunsten der »Unfehlbarkeit« entschieden wurde. Bei Kirchenspaltungen dieser Art erkannte auch die abgespaltene Seite die vor der Spaltung liegende kirchliche Entwicklung als ihre Tradition und dementsprechend alle vor der Spaltung erfolgten dogmatischen Entscheidungen als auch für sie verbindlich an.

Im Gegensatz dazu wendet sich die Reformation gegen Teile der überlieferten Lehre. Dabei beruft sie sich auf die schulmäßige Auslegung der im Spätmittelalter zunehmend als höchste Autorität angesehenen Schrift. Anlaß ist zunächst die damals weit verbreitete Ablaßpraxis geschäftiger Prediger, bald jedoch auch die Lehre von Buße und Rechtfertigung. Nach der Verurteilung durch Rom wendet sie sich jedoch auch gegen den Papst und alle Lehrautoritäten, sofern deren Auffassungen als der Schrift widersprechend erschienen. Luther erklärte, daß Päpste und Konzilien grundsätzlich irren könnten und tatsächlich jeweils dann geirrt hätten, wenn sie zum deutlichen Wortlaut der Heiligen Schrift in Widerspruch standen.

Damit stellte Luther alle bisherigen Entscheidungen der Kirche neu zur Diskussion. Sie waren immer wieder neu an der Schrift zu überprüfen und zu bewähren. In diesem Sinne war die Reformation nicht nur eine Spaltung der Kirche des anhebenden 16. Jahrhunderts, sondern sie hatte zugleich rückwirkende Kraft.

Kaiser Karl V. war der erste, der diese Tragweite der Entscheidung Luthers klar erkannte. Auf dem Reichstag zu Worms kennzeichnete er die dadurch geschaffene Situation aus seiner Sicht mit der Feststellung: »Ein einfacher Mönch, geleitet von seinem privaten Urteil, hat sich erhoben gegen den Glauben, den alle Christen seit mehr als 1000 Jahren bewahrten, und er behauptet dreist, daß alle Christen sich bis heute geirrt hätten.«[144]

Aus der Sicht Luthers und seiner Anhänger handelte es sich dagegen um einen Konflikt der Schriftautorität mit der kirchlichen Lehrautorität. Dieser warfen sie vor, sie habe sich im Laufe der Zeit immer mehr von den mit der Schrift übereinstimmenden Lehrgrundlagen der frühen Kirche entfernt. Mit Nachdruck berief sich Luther auf die Bindung seines Gewissens an die Autorität der Schrift. Er lehnte den Widerruf ab, »da gegen das Gewissen handeln beschwerlich, unheilsam und gefährlich ist«.[145] Dieser Hinweis auf das Gewissen beruft sich auf die anerkannte Lehre vom Gewissen als der höchsten subjektiven Instanz für das Handeln.

Allerdings hatte diese Lehre der Kirche schon des öfteren zu schwierigen Auseinandersetzungen geführt. Denn diese subjektive höchste Norm des Handelns, also das Gewissen, war nach alter kirchlicher Lehre ihrerseits gebunden an die höchste objektive Norm des Handelns, den Willen Gottes, der sich nach damals herrschender Auffassung nicht zuletzt in den Geboten und in den Weisungen der Kirche dokumentierte. Dementsprechend entstanden jeweils besondere Schwierigkeiten, wenn der Wille Gottes nicht klar erkennbar war bzw. wenn es über diese Frage Konflikte zwi-

144 Vgl. hierzu: G. v. Schwarzenfeld, Karl V., Goldmanns Gelbe Taschenbücher, 13,51/13,52, München 1953, S. 90.

145 Vgl. Verhandlungen mit D. Martin Luther in WA - D. Martin Luthers Werke. Kritische Gesamtausgabe, Weimar 1883 ff.: WA 7,841,26-842,33 (deutsch).

schen kirchlichen Autoritäten und einzelnen Gläubigen bzw. auch Gruppen von Gläubigen gab.

Nochmals kompliziert wurde die Gesamtlage dadurch, daß sich die Kirche auch verantwortlich dafür wußte, daß die Gläubigen nicht durch »falsche Lehren« irregeführt würden. Die Schwierigkeit, die daraus entstehen konnte, spiegelt sich auch in den Ausführungen Thomas von Aquins wider. Er betont einerseits, daß der Gläubige seinem Gewissen sogar dann zu folgen habe, wenn es ihm die Trennung von der Kirche gebiete. Er unterstreicht jedoch auch, daß jeder, der die Gläubigen in die Irre führt und damit ihr ewiges Heil gefährdet, unschädlich gemacht werden müsse.

Dabei handelt es sich keineswegs um nur theoretische Überlegungen, sondern im Laufe der Zeit waren immer wieder einzelne engagierte Menschen, die gegen wirkliche oder vermeintliche Mißstände der Kirche angingen, verurteilt und hingerichtet worden. Das bedeutete insgesamt: Trotz grundsätzlicher Anerkennung des Gewissens als höchster subjektiver Instanz neigte man in der Praxis dazu, keineswegs jede Gewissensentscheidung anzuerkennen.

Diese Praxis suchte man auch theoretisch zu »rechtfertigen«, indem man das Gewissen eines Christen, das ein Leugnen eindeutig anerkannter Lehren der Kirche oder eine grundsätzliche Ablehnung von deren Autorität gebot, als »schuldhaft irrig« bezeichnete. Nur einem Nichtchristen gestand man eine nichtschuldhafte abweichende Glaubensüberzeugung und Gewissensentscheidungen zu. Daß ein Christ ohne Schuld die bisher anerkannte Lehre der Kirche bestreiten könne, konnte oder wollte man sich nicht vorstellen, ebensowenig, daß die Erfahrungen mit der konkreten Kirche so irritierend sein könnten, daß auch Gutwillige in ihr die Kirche Jesu Christi nicht mehr zu erkennen vermöchten.

Jetzt jedoch berief sich Luther, durch die kirchlichen Mißstände seiner Zeit herausgefordert, auf sein Gewissen und forderte, diese Entscheidung auch dann anzuerkennen, wenn er unter Hinweis auf die Heilige Schrift bisher allgemein anerkannte Glaubensinhalte verwarf. Daß es sich bei der Hochschätzung des Gewissens im Zusammenhang mit der Schrift nicht nur um eine persönliche Auffassung Luthers, sondern um eine neue Entwicklungstendenz handelte, zeigte sich unübersehbar auf dem Speyerer Reichstag von 1526.

Die evangelischen Fürsten weigerten sich, der Mehrheit zu folgen, weil »in Sachen Gottes Ehre und unserer Seelen Heil und Seligkeit belangend, ein jeglicher für sich selbst vor Gott stehen und Rechenschaft geben« muß.[146] Mit dieser Erklärung wurde die Berufung auf das Gewissen - zunächst in Verbindung mit der Autorität der Schrift - zu einem Argument, das politisch respektiert zu werden beanspruchte. Hieraus wird verständlich, daß in der späteren Weiterentwicklung verfassungsrechtlicher Grundsätze die »Religions- und Gewissensfreiheit« weithin als eine einzige Forderung empfunden und dementsprechend gemeinsam formuliert wurde.

Zwangsläufig brachte die Akzentuierung der Religionsfreiheit auf die Gewissensfreiheit die Gefahr einer Subjektivierung der Religion mit sich. Die Frage nach der Wahrheit drohte zunehmend zurückzugehen gegenüber der Frage nach der redlichen persönlichen Überzeugung. Das bedeutete Gewinn und Verlust zugleich: Einerseits die Gefahr der Beliebigkeit subjektiver Entscheidungen ohne ein ernsthaftes Ringen um Wahrheit, andererseits die Abkehr von einer mehr oder weniger rein formalen Anerkennung von Wahrheiten, ohne für diese Wahrheiten eine klare eigene Entscheidung zu treffen.

4. Die Begründung der klassischen Naturwissenschaften

Das Hinwenden zur konkreten irdischen Realität und die Anerkennung ihrer jeweils besonderen Gesetzmäßigkeiten gab auch der Erforschung der Natur neue Impulse. Eine erste große Entdeckung wurde von Kopernikus gemacht: Nicht die Erde, sondern die Sonne sei der Mittelpunkt unseres Planetensystems. Diese Entdeckung erforderte zwar in vieler Hinsicht ein Umdenken. Dieses Umdenken hätte sich jedoch auch innerhalb des alten wissenschaftlichen Systems vollziehen können. Ansätze dafür hat es gegeben. So etwa

[146] Heribert Hilgenberg u.a., Unsere Geschichte - unsere Welt, Band 2, München 1963, S. 91.

die Forderung Kardinal Bérulles, man solle aus der kopernikanischen Entdeckung die theologischen Konsequenzen ziehen und in der Theologie nicht alle Gedanken um den Menschen kreisen lassen, sondern eindeutig Gott, die Sonne, in den Mittelpunkt allen theologischen Denkens stellen.[147] Keine geistige Wende im vollen Sinn des Wortes bedeutete auch die Entdeckung Keplers, wonach die Planeten sich nicht auf einfachen Kreisbahnen, sondern auf elliptischen Bahnen bewegen.

Entscheidend für die Wende zwischen dem mittelalterlichen und dem neuzeitlichen Denken war der Sieg neuer wissenschaftlicher Methoden und eine damit verbundene Neuorientierung der wissenschaftlichen Fragestellung. Dieses Umdenken wurde vor allem von Galilei und Francis Bacon eingeleitet. Gegenüber der mittelalterlichen Naturwissenschaft, die ihre Schlüsse entweder spekulativ aus der Theologie und Philosophie entwickelte oder sich mit einer bloßen Zusammenfassung von Naturbeobachtungen begnügte[148], suchte Galilei die Beziehungen zwischen physikalischen Erscheinungen in mathematischen »Naturgesetzen« zu erfassen. Seiner Überzeugung nach ist das »Buch der Natur«[149] in mathematischer Sprache geschrieben. Gelesen werden muß es durch eine Verbindung von empirischen Beobachtungen und mathematischem Denken. Dabei spielt das Experiment die wichtige Rolle einer gezielten Frage an die Natur. Allerdings wird sie im Experiment nicht so befragt, wie man sie im Alltag vorfindet, sondern sie wird zunächst verändert. Erst die planvolle Veränderung der Natur ermöglicht die Formulierung von exakten Naturgesetzen.

Seinen Gegnern, die sich auf anerkannte Denker der Antike und des Mittelalters beriefen, rief Galilei selbstbewußt zu: »Kommt mit Gründen, nicht mit Texten und Autoritäten; denn wir haben es mit der Welt unserer Sinne, nicht mit einer Welt von Papier zu tun. In den Naturwissenschaften, deren Folgerungen wahr und notwendig sind, können tausend Demosthenes und tausend Aristoteles nicht

[147] Vgl. dazu Fr. Heer, Europäische Geistesgeschichte, Stuttgart 1953, S. 471.
[148] Eine gewisse Ausnahme bildet Albertus Magnus, der jedoch die weitere »Geschichte der Naturwissenschaften« wenig beeinflußt hat.
[149] Vgl. oben S. 59.

der Sache zum Trotz wahrmachen, was falsch ist.«[150] Durch einen solchen Satz unterstreicht Galilei in einer für die damalige Zeit herausfordernden Weise die Eigenständigkeit der Naturwissenschaften und lehnt jede Bevormundung durch Theologie und Philosophie ab.[151]

Galilei war sich dessen nicht bewußt, daß auch seine Art der Befragung der Natur im Experiment keineswegs angemessene Erkenntnis verbürgte. Die Ambivalenz dieser Vorgehensweise wird deutlich, wenn man sich zwei Interpretationen vor Augen hält, die in der Folgezeit vorgebracht wurden: Die eine betont, daß der Mensch der Natur die Möglichkeit zur Beantwortung seiner Fragen gebe, in der respektvollen Bereitschaft, ihre Auskünfte anzuerkennen. Die andere dagegen hebt hervor, daß der Mensch die Natur wie ein Richter behandle, der jemanden »auf die Folter spannt«, um ihn zu Aussagen auf gezielte Fragen in einem vorentworfenen System zu zwingen.

Carl Friedrich von Weizsäcker kennzeichnet das neue Verfahren pointiert: »Galilei tat seinen großen Schritt, indem er wagte, die Welt so zu beschreiben, wie wir sie nicht erfahren. Er stellte Gesetze auf, die in der Form, in der er sie aussprach, niemals in der wirklichen Erfahrung gelten und die darum niemals durch irgendeine einzelne Beobachtung bestätigt werden können, die aber dafür mathematisch einfach sind. So öffnete er den Weg für eine mathematische Analyse, die die Komplexheit der wirklichen Erscheinungen in einzelne Elemente zerlegt. Das wissenschaftliche Experiment unterscheidet sich von der Alltagserscheinung dadurch, daß es von einer mathematischen Theorie geleitet ist, die eine Frage stellt und fähig ist, die Antwort zu deuten. So verwandelt es die gegebene ›Natur‹ in eine manipulierbare Realität.«[152]

Carl Friedrich von Weizsäcker vergleicht dann das Vorgehen Galileis mit dem des Aristoteles und macht durch diese Gegenüberstellung die schockiernde Neuheit der Methoden der moder-

[150] G. Galilei, Dialogo dei massimi sistemi. Giornata prima e seconda, Florenz 1890–1909, deutsch Leipzig 1892.

[151] Vgl. auch J. Habermas, Technik und Wissenschaft als »Ideologie«, Frankfurt/M. [4]1970.

[152] C.F. v. Weizsäcker, Tragweite, a.a.O., S. 107.

nen Naturwissenschaften deutlich: »Aristoteles wollte die Natur bewahren, die Erscheinungen retten. Sein Fehler ist, daß er dem gesunden Menschenverstand zu oft recht gibt. Galilei zerlegt die Natur, lehrt uns, neue Erscheinungen willentlich hervorzubringen und den gesunden Menschenverstand durch Mathematik zu widerlegen. So sagt zum Beispiel Aristoteles, daß schwere Körper schnell fallen, leichte Körper langsam und ganz leichte Körper sogar aufsteigen. Dies ist genau, was die Erfahrung jeden Tags uns lehrt: Der Stein fällt schnell, das Blatt Papier langsam, die Flamme steigt auf. Galilei führt fort, im Vakuum würden sich die Körper aber in der Tat so verhalten. Hier stellt er also die Hypothese auf, es könne ein Vakuum, einen leeren Raum geben, wieder im Widerspruch nicht nur zur Philosophie des Aristoteles, sondern auch zur Erfahrung jedes Tags.«[153]

Diese Ausführungen Carl Friedrich von Weizsäckers kennzeichnen alle klassischen Naturgesetze. Alle diese Gesetze gelten jeweils nur unter sogenannten »idealen« Bedingungen, das heißt sie gelten nur dann, wenn außer den in dem betreffenden Naturgesetz selbst formulierten Beziehungen keinerlei Kräfte wirksam sind. Diese idealen Bedingungen sind jedoch faktisch nicht einmal im Experiment herstellbar, ja, es läßt sich nicht einmal entscheiden, ob sie auch nur prinzipiell realisierbar sind. In diesem Zusammenhang sei im Anschluß an das von Carl Friedrich von Weizsäcker aufgegriffene Beispiel daran erinnert, daß die meisten Physiker heute die Überzeugung vertreten, daß es einen absolut leeren Raum grundsätzlich nicht geben könne, sondern daß Raum stets nur im Zusammenhang mit Materie besteht. Gerade wenn man sich dies alles vor Augen hält, tritt die ungeheure geistige Leistung Galileis in ihrer ganzen Paradoxität in Erscheinung: Indem er es wagt, die Natur so zu beschreiben, wie sie tatsächlich niemals ist, eröffnet er neue Möglichkeiten zu einer exakteren Berechnung realer Vorgänge.

Zur gleichen Zeit, in der Galilei auf dem Kontinent seinen Kampf um eine eigenständige Naturwissenschaft führt, wirkt in England der Staatsmann, Jurist, Historiker, Naturforscher und Philosoph Francis Bacon. In seinen Schriften fordert er programma-

[153] C.F. v. Weizsäcker, a.a.O., S. 108.

tisch eine grundlegende Umgestaltung der gesamten menschlichen Gesellschaft und eine unbegrenzte Steigerung der Macht des Menschen, die durch Wissen erreicht werden soll.

Voraussetzung für den erhofften Aufstieg der Wissenschaften ist nach Bacons Überzeugung die nachdrücklich geforderte Trennung von Wissenschaft und Religion. In Auseinandersetzung mit Aristoteles lehnt er darüber hinaus die Anerkennung von Finalursachen als unwissenschaftlich ab. Diese und andere Forderungen hatten zwar keinen unmittelbaren Einfluß auf die weitere Geschichte der Wissenschaften selbst. Sie haben jedoch als programmatische Deklarationen, die durch die tatsächliche Entwicklung weitgehend anerkannt wurden, das Allgemeinbewußtsein mitgeprägt.

Den letzten entscheidenden Schritt zur Grundlegung der klassischen Naturwissenschaften tat Newton im Jahre 1684 mit seinem Werke »Die mathematischen Prinzipien der Naturlehre«. Als besonders bezeichnend dürfen die oft zitierten Sätze am Ende des dritten Buches gelten: »Ich habe noch nicht dahin gelangen können, aus den Erscheinungen den Grund dieser Eigenschaften der Schwere abzuleiten, und Hypothesen erdenke ich nicht. Alles nämlich, was nicht aus den Erscheinungen folgt, ist eine Hypothese, und Hypothesen ... dürfen nicht in die Experimentalphysik aufgenommen werden ... Es genügt, daß die Schwere existiere, daß sie nach den von uns dargelegten Gesetzen wirke und daß sie alle Bewegungen der Himmelskörper und des Meeres zu erklären imstande sei.«[154]

Obgleich diese Sätze mit einem »noch nicht« beginnen – es heißt ja: »Ich habe noch nicht dahin gelangen können, aus den Erschei-

[154] I. Newton, Die mathematischen Prinzipien der Naturlehre, Drittes Buch, 5. Abschnitt, hrsg. v. J. Wolfers, Berlin 1872, S. 511. Newton meint hier, wie sich aus dem Gesamttext ergibt, Hypothesen, die nur auf der Grundlage logisch-mathematischer Schlüssigkeit und ohne Berücksichtigung der Erscheinungen selbst aufgestellt werden. Darüber hinaus will er sein System nicht auf der Basis bloßer Vermutungen aufstellen, sondern Naturgesetze über Beobachtungen und Versuche auf induktivem Wege entdecken. Nach dem modernen Verständnis von Naturwissenschaft gehört die Hypothesenbildung heute zum selbstverständlichen Bestand der empirisch-wissenschaftlichen Methode. Das Aussagesystem versteht sich generell als ein hypothetisches solange, bis die Hypothese durch weitergehende experimentelle Erfahrungen falsifiziert worden ist.

nungen den Grund dieser Eigenschaften der Schwere abzuleiten ...« – dokumentiert sich hier eine entscheidende Verlagerung des forschenden und darüber hinaus des geistigen Interesses überhaupt. Denn dieses »noch nicht« in Verbindung mit der oft zitierten Absage an alle Hypothesen wurde in der Geschichte der Wissenschaften tatsächlich zu einem endgültigen Verzicht.

Der Wissenschaft geht es seither nicht mehr um eine »Theorie des Seins«, die das Wesen und den Sinn der Dinge zu ergründen sucht, es geht ihr vielmehr darum, die Formeln zu finden, mit deren Hilfe die erfahrbare Wirklichkeit berechnet werden kann. Etwas verstehen bedeutet nicht mehr im Sinne metaphysischer Fragestellungen, etwas in seinem Wesen zu erkennen, sondern es wird identisch mit: berechnenkönnen. Die Tragweite dieser Entscheidung wurde bis in unsere Tage hinein von vielen nicht erkannt, obgleich sie sich in der gegenwärtigen Krise mit ihrer allgemeinen Orientierungslosigkeit unübersehbar dokumentiert.

Mit der Gleichsetzung von »Verstehen« und »Berechnenkönnen« vollzog das wissenschaftliche Denken eine grundlegende Beschränkung seiner Fragestellung. Damit schuf es zugleich eine Trennung der Naturwissenschaften von der überkommenen Philosophie und Theologie, da weder Philosophie noch Theologie die gekennzeichnete Beschränkung mit vollziehen konnten. Das bedeutete jedoch zunächst kein Gegeneinander, sondern eher ein Nebeneinander, da das zentrale Forschungsgebiet und vor allem das erkenntnisleitende Forschungsinteresse nicht identisch waren.

VI. Das Zeitalter der klassischen Wissenschaften

1. Das Streben nach gesicherter Erkenntnis

Die Fortschritte im naturwissenschaftlichen Erkenntnisbereich faszinierten nicht zuletzt dadurch, daß sie jederzeit überprüfbar sind. Man muß nur die geforderten »idealen Bedingungen« soweit wie möglich herstellen. Die grundlegenden Thesen der aristotelischen Naturinterpretation - etwa die Ewigkeit der Welt und die Konstanz der Arten - waren zwar angesichts der je eigenen Erfahrungen plausibel, im Sinne allgemeingültiger Sätze konnten sie jedoch nicht bewiesen werden. Dagegen waren die in mathematischer Sprache abgefaßten Erkenntnisse der neuen Naturwissenschaften jederzeit »beweisbar« und beanspruchten dementsprechend allgemeine Zustimmung. Zudem konnten sie technisch genutzt werden und erwiesen nicht zuletzt dadurch ihre Berechtigung und ihre Verläßlichkeit.

Ausnahmen von den nunmehr gefundenen »Naturgesetzen« konnte es grundsätzlich nicht geben. Sie galten immer und überall. Während Aristoteles noch der Auffassung gewesen war, daß Verhaltensweisen und Veränderungen in den himmlischen Regionen sich von denen in den irdischen unterschieden, hatte Isaak Newton durch überzeugende Berechnungen aufgewiesen, daß das von ihm entdeckte Gesetz der Schwerkraft imstande sei, »alle Bewegungen der Himmelskörper und des Meeres zu erklären«.[155] Dadurch entstand in der Forschung allgemein der Drang, die verschiedensten Erscheinungen der Wirklichkeit mit Hilfe möglichst weniger allgemein gültiger Gesetze zu berechnen und in diesem Sinne zu »erklären«.

Beeindruckt von den Naturwissenschaften und von den durch sie

[155] Vgl. oben.

vermittelten »unbezweifelbaren Erkenntnissen« strebten auch die übrigen Disziplinen einschließlich der Philosophie nach unbestreitbar sicherem Wissen. Einer der Vordenker dieser Bestrebungen war Descartes. Sein Ziel war es, die philosophische Wahrheit genauso einleuchtend zu beweisen, wie die modernen Naturwissenschaften die Richtigkeit ihrer Erkenntnisse nachgewiesen hatten. Angesichts dieser Zielsetzung wollte er seine Gedankengänge ohne jede Voraussetzung beginnen. Sein zweifelndes Überlegen selbst wurde ihm dabei zum Ausgangspunkt: »cogito, ergo sum« - Ich denke nach, also gibt es mich. Mit diesem Satz hatte er eine feste Ausgangsbasis gewonnen.

Diese Basis allein reicht allerdings nicht aus, um Philosophie grundzulegen. Es wäre ja vorstellbar, daß es zwar mit dem Menschen ein denkendes Wesen gibt, daß jedoch alles, was von diesem Wesen wahrgenommen und gedacht wird, der Wirklichkeit unangemessen und in diesem Sinne falsch ist. Es gibt ja Sinnestäuschungen und auch Träume. Wie sollen also sichere und unbezweifelbare Sätze über die Außenwelt gewonnen werden?

Beim Versuch einer Antwort zeigt sich die Schwierigkeit eines Philosophen, der sich darauf eingelassen hat, alles irgendwie Bezweifelbare zu bezweifeln: Descartes vermag unbezweifelbare Sätze über die Außenwelt nicht in direktem Ansatz zu erbringen. Deshalb sucht er zunächst nachzuweisen, daß Gott als ein Wesen existiert, das durch Wahrhaftigkeit und nicht durch Lüge und Täuschung gekennzeichnet ist. Er gesteht zu, unter Absehen von Gott sei keine sichere Erkenntnis möglich mit Ausnahme des einen Satzes, daß der Nachdenkende selbst existiert.

Somit hängt nach seiner Überzeugung »die Gewißheit und Wahrheit allen Wissens . . . vom Wissen um Gott ab und allein davon«. Ohne das Wissen von Gott wäre es unmöglich, »irgend etwas anderes zu erkennen. Dank der Wahrhaftigkeit Gottes darf ich all das als wahr annehmen, was ich sehr klar und deutlich wahrnehme«.[156] Von dieser Grundüberzeugung ausgehend wird von Descartes die gesamte Außenwelt im Sinne rationaler Naturerkenntnis-

[156] R. Descartes, 5. Meditation, in: Meditationes, De prima philosophia. Vgl. R. Descartes, Philosophische Schriften, Hamburg 1996, S. 115ff.

se erschlossen. Denn klar und deutlich sehen wir als äußere Ursachen unserer Sinnesvorstellung Ausdehnung und Bewegung. Eine der Wahrheit entsprechende Erkenntnis der Außenwelt ergibt sich demnach durch eine Konstruktion der Körperwelt aus Ausdehnung und Bewegung.

Durch diese These verbindet Descartes das Ideal der mathematisch-mechanischen Naturwissenschaft mit seiner philosophischen Theorie. Dementsprechend kennt er zwei Arten der Wirklichkeit, einerseits die res cogitans, das denkende Wesen, und andererseits die res extensae, die durch Ausdehnung und Bewegung gekennzeichneten Erscheinungen der Körperwelt. Nur im Menschen seien diese beiden zu einer Einheit verbunden und als Wechselwirkungen von Seele und Körper zu erklären.

Den Dualismus zwischen res cogitans und res extensae suchte Thomas Hobbes zu überwinden. Er dehnte die mechanistische Auffassung der Wirklichkeit auch auf die denkenden Wesen aus. Auch die Menschen erscheinen bei ihm als mechanische Automaten. Für diese Auffassung schien auch eine Reihe naturwissenschaftlicher Entdeckungen zu sprechen wie insbesondere der von dem Mediziner Harvey erstmals beschriebene große Blutkreislauf.[157] Nach den Darlegungen von Hobbes kommen nicht nur die *Bewegungen des menschlichen Körpers* mechanisch zustande, sondern auch sein *Denken.* Folgerichtig gibt es in diesem Erklärungssystem keine menschliche Freiheit. Jeder Willensakt des Menschen geht vielmehr mit Notwendigkeit aus bestimmten inneren und äußeren Bewegungen hervor.

Konsequenterweise erscheint Gott in dieser panmechanistischen Weltdeutung als Schöpfer im Sinne eines Weltmechanikers, der die große »Weltmaschine« samt ihren einzelnen Teilen konstruiert hat. Einmal in Gang gesetzt, bedarf sie dank der Vollkommenheit ihres Konstrukteurs keiner Wartung und keiner Reparaturen. Nach den in ihr wirkenden Gesetzen rollt sie reibungslos ab.

Der Mensch jedoch erweist sich als gottesebenbildlich, indem er wie Gott Maschinen baut. Sein größtes Werk ist die aus vielen ein-

[157] W. Harvey, Exercitatio anatomica de motu cordis et sanguinis in animalibus, 1628.

zelnen bestehende »Staatsmaschine«. Sie ist der große Leviathan, ein riesiger künstlicher Mensch, bei dem der Herrscher die Seele, die Beamten die Glieder, die Räte das Gedächtnis, die Eintracht Gesundheit, Aufstand dagegen Krankheit bedeuten. Reibungsloses Funktionieren der Staatsmaschine wird nach Hobbes' Ansicht durch eine uneingeschränkte Monarchie am sichersten gewährleistet. Die Menschen hätten am Anfang ohne Ordnung dahingelebt. Die völlige Gesetzlosigkeit sei schließlich durch einen Vertrag der Menschen untereinander überwunden worden, indem sie alle Gewalt einem König übertrugen. Dieser Vertrag sei unwiderruflich, da nur so ein Rückfall in das gesellschaftliche Chaos ausgeschlossen bzw. positiv ein reibungsloses Funktionieren der Staatsmaschine gewährleistet sei.

Nach der Lehre von Hobbes gibt es nichts von Natur Gutes oder Schlechtes. Daher hat der Staat zu bestimmen, was recht und was unrecht ist. Sein Gesetz ist das Gewissen jedes einzelnen. Sogar über die Religion entscheidet er allein. Wer seinen persönlichen Glauben der offiziellen Religion entgegensetzt, ist ein Revolutionär, der die Ordnung der Gesellschaft untergräbt. So ist nach Hobbes' Überzeugung der Staat der »irdische Gott«, dem wir nächst dem ewigen Gott Frieden und Wohlfahrt verdanken. Bezeichnenderweise wird hier von Hobbes – im Gegensatz zu mittelalterlichen Auffassungen – neben dem Frieden nicht die Gerechtigkeit, sondern die »Wohlfahrt« als hervorragende Aufgabe des Staates genannt.

Während es den Naturwissenschaften anfangs vor allem um sichere Erkenntnis gegangen war, zeigte sich schon bald immer eindrucksvoller, daß sich diese Erkenntnis zu einer sicheren Beherrschung der Natur technisch nutzen ließ. Es ist somit verständlich, daß Hobbes es in vergleichbarer Weise nunmehr als die wichtigste Aufgabe des Staates betrachtete, auf Grund seiner Erkenntnisse die menschliche Gesellschaft optimal und zuverlässig zu organisieren.

2. Positivismus als »Vollendung« von Theologie und Philosophie

Die Hoffnung auf gesicherte Erkenntnis wurde allerdings schon bald von Vertretern der Aufklärung selbst in Frage gestellt. Pointiert erklärte Friedrich der Große: »Für das Glück der Gesellschaft macht es wenig aus, wie wir über spekulative Fragen denken, aber von großer Bedeutung ist, wie wir handeln . . . Gott hat den Menschen so viel Verstand gegeben, als sie brauchen, um sich durch's Leben zu schlagen, nicht jedoch so viel, daß sie ihre Wissgier befriedigen könnten; denn der Mensch ist zum Handeln geschaffen und nicht zum Grübeln.«[158]

Auch Kant erklärt, die Wesensfrage, die bei ihm als die Frage nach dem »Ding an sich« formuliert wird, sei letztlich unbeantwortbar. Auch er legt schließlich das entscheidende Gewicht auf das Handeln des Menschen. Zu dessen Orientierung sucht er – an den Naturwissenschaften orientiert – »ein Ganzes für Physik und Moral aus einem Prinzip zu stiften«. Zur konkreten Lösung der damit gestellten Aufgaben, hat der Königsberger Philosoph eine Formel gefunden, die einige Generationen von deutschen Gebildeten als »Kategorischen Imperativ« mit fast religiöser Ergriffenheit zitierten: »Handele so, daß die Maxime deines Willens jederzeit zugleich als Prinzip einer allgemeinen Gesetzgebung gelten könne.«[159]

Diese Formel konnte allerdings nur so lange tragen, wie die Menschen sich über die Grundprinzipen einer allgemeinen Gesetzgebung einig waren. Heute liegt ihre Unzulänglichkeit zu Tage: Sie kann von Christen ebenso unterschrieben werden wie von Nationalsozialisten, von Liberalen Humanisten ebenso wie von Kommunisten. Ein Handeln nach dieser Formel gewährleistet zwar ein Funktionieren innerhalb einer Gesellschaft, die sich über allgemeine Prinzipien einig ist, sagt jedoch über diese Prinzipien selbst inhaltlich nichts aus. Sie ist in dieser Hinsicht rein formal.

In dieser Situation suchte man schließlich die Schwierigkeit, zu gesicherter Erkenntnis zu kommen, dadurch zu überwinden, daß

[158] M. Hein, Friedrich der Große, Berlin 1901, S. 43.
[159] I. Kant, Die Grundlagen zur Metaphysik der Sitten, 1785.

sich die Forschungen jeweils nur an das Gegebene bzw. die Gegebenheiten zu halten suchten. Es gehe jeweils um »objektive« Tatsachen ohne jede subjektive Spekulation. Vorbild waren die Naturwissenschaften, die zwar auf die Wesensfrage verzichtet hatten, deren »Erkenntnisse« jedoch gerade dadurch jederzeit beweisbar und gesichert seien.

Die unbezweifelbaren Gegebenheiten waren im Sinne dieses Denkens vor allem materieller Art. Alles, was darüber hinausging, erschien zunehmend als Ergebnis einer spekulativen Sicht der Wirklichkeit. Bei vielen der »Aufklärer«, die nunmehr das Denken weithin beherrschten, wurde schon der Begriff der Vernunft selbst einseitig an den Naturwissenschaften orientiert. So erklärte Dietrich von Holbach, ein Baron aus der Pfalz, der in Paris sein Haus und sein Portemonnaie den Vordenkern der französischen Aufklärung offenhielt und so nicht zu Unrecht als »Nährvater der Enzyklopädisten« bezeichnet wurde, Vernunft sei »nichts anderes als auf das soziale Leben angewandte Naturwissenschaft«.[160] Eine solche Anwendung bedeutete zugleich die Übertragung ihrer methodischen Vorentscheidungen auf andere Bereiche der Wirklichkeit.

Die Folge war eine neue Gesamtsicht der Welt, die zu den überkommenen metaphysischen Überzeugungen in Widerspruch stand. In seinem Buche über das »System der Natur oder die Gesetze der physischen und moralischen Welt« schreibt Holbach: »Die Welt zeigt uns allenthalben nichts als Materie und Bewegung, sie ist eine unendliche Kette von Ursachen und Wirkungen. Die Materie und die Bewegung ist ewig, und die Schöpfung aus dem Nichts ist ein leeres Wort.«[161]

Aus dieser Sicht stellt sich schließlich die Frage: »Und ist denn der Mensch etwas anderes als eine zusammengesetzte, zu immer neuen Gestalten übergehende Materie?«[162] Mit solchen Gedanken steht Holbach keineswegs allein. So verfaßt – um noch einen Namen zu nennen – um die gleiche Zeit der zur Tafelrunde Friedrichs

[160] Vgl. hierzu und zum folgenden: Hugo Staudinger / Wolfgang Behler, Chance und Risiko der Gegenwart, ²Paderborn 1976, S. 64ff.

[161] D. v. Holbach, System der Natur oder die Gesetze der physischen und moralischen Welt, dtsch. Ausgabe 1841, S. 68.

[162] Ders., a.a.O., S. 79.

des Großen gehörende Arzt Lamettrie sein Werk »L'homme machine«. Sicher sind Holbach und Lamettrie nicht die bedeutendsten Vertreter der Aufklärung, und unbestreitbar vertreten sie extreme Positionen. Aber auch die eindeutig anerkannten Repräsentanten der Aufklärung sind stärker vom naturwissenschaftlich-materiellen Denken geprägt, als man weithin annimmt.[163]

Einen gewissen Abschluß und Höhepunkt erreichte das positivistische Denken bei Auguste Comte. Er knüpft unmittelbar an die geistige Tat Newtons an, indem er dessen methodischen Ansatz auf alle Wissenschaften überträgt. Dabei stabilisiert er zugleich die Beschränkung der wissenschaftlichen Fragestellung, indem er das »noch nicht« Newtons zugunsten eines endgültigen Verzichts auf die Frage nach den eigentlichen Ursachen streicht. Dementsprechend erhebt er die Forderung, »überall anstelle der unzulänglichen Bestimmung der eigentlichen Ursachen die bloße Forschung nach den Gesetzen, d.h. nach den konstanten Beziehungen zu setzen, die zwischen den beobachteten Erscheinungen existieren«.[164]

Zur Begründung fügt Comte hinzu: »Ob es sich nun um die geringsten oder höchsten Wirkungen, um Stoß und Schwerkraft oder um Denken und Sittlichkeit handelt, wahrhaft erkennen können wir hier nur die verschiedenen wechselseitigen Verbindungen, die ihrem Ablauf eigentümlich sind, ohne jemals das Geheimnis ihrer Erzeugung zu ergründen.«[165]

Als Kennzeichen der neuen »positiven« Philosophie stellt Comte heraus: »Für sie sind alle Vorgänge unveränderlichen natürlichen Gesetzen unterworfen, deren genaue Entdeckung und Zurückführung auf eine möglichst geringe Anzahl das Ziel all ihrer Bestrebungen ist. Für sie ist es ein völlig aussichtsloses und sinnloses Unternehmen, nach ersten Ursachen und letzten Zielen zu forschen. Um das bewunderungswürdigste Beispiel zu nennen: Wir

[163] Wie an anderer Stelle aufgewiesen wurde (Chance und Risiko der Gegenwart Paderborn ^{2}1976, S. 64ff.), gilt dies insbesondere auch für Friedrich den Großen und Immanuel Kant.

[164] A. Comte, Dicours sur l'esprit positif. Paris 1844, deutsche Übersetzung, Einleitung und Herausgabe: I. Fetscher, Rede über den Geist des Positivismus, Hamburg 1956, S. 27.

[165] A. Comte, ebd.

sagen, daß die allgemeinen Vorgänge im Weltall erklärt sind, soweit es möglich ist, durch Newtons Gesetz der Gravitation; denn diese schöne Theorie zeigt einerseits, daß die grenzenlose Mannigfaltigkeit der astronomischen Erscheinungen ein und derselbe Vorgang ist, nur von verschiedenen Gesichtspunkten aus gesehen. Andererseits wird uns dies allgemeine Geschehen dargestellt auf Grund einer einfachen Verallgemeinerung eines uns ganz vertrauten Vorganges, der Schwere der Körper auf der Erdoberfläche. Und deshalb betrachten wir es als völlig erkannt. Die Frage, was Anziehung und Schwere selbst und welches ihre Ursachen seien, gehört zu den unlösbaren und nicht in das Gebiet der positiven Philosophie, und wir überlassen sie mit Recht der Einbildungskraft der Theologen oder der Spitzfindigkeit der Metaphysiker.«[166]

Da es nach Comtes Überzeugung konstante Beziehungen überall gibt und alle Vorgänge, organische und anorganische, körperliche wie geistige, individuelle wie soziale streng unveränderlichen Gesetzen unterworfen sind, hält er es für möglich, durch Kenntnis der Gesetze des individuellen und sozialen Lebens der Menschheit den Weg zu bisher ungeahntem Fortschritt zu sichern.

Seine besondere Hoffnung gilt dabei der von ihm neu konzipierten Wissenschaft der Soziologie, die er auch »Sozialphysik« nennt. Er hofft, daß die Kenntnis der Gesetze der gesellschaftlichen Veränderungen eine Steuerung ihrer gesamten Entwicklung gestatten werde und daß die Menschheit sich somit durch entsprechende vorausschauende Planungen eine glückliche Zukunft schaffen könne. Er erklärt: »So besteht der wahre positive Geist vor allem darin, zu sehen, um vorauszusehen.«[167] Die neue Philosophie sei nicht zuletzt deshalb als positiv zu bezeichnen, weil sie »nicht dazu bestimmt ist zu zerstören, sondern zu organisieren«. Letzten Endes gehe es darum, »die Vorsehung zu organisieren«.[168]

166 A. Comte, Système de politique positive ou traité de sociologie instituant la religion de l'humanité, Paris 1851–1854/Paris [4]1912, Appendice, S. 77, Prospectus des travaux scientifiques necessaires pour réorganiser la société, April 1822; A. Comte, Positive Philosophie, deutsch zitiert nach: Texte der Philosophie, hrsg. v. E. Hunger u.a., München 1961, S. 17 bis 20 passim.

167 A. Comte, Discours, a.a.O., S. 35.

168 A. Comte, ebd., S. 87; vgl. auch H. Freyer, Theorie, a.a.O., S. 211.

Die Ausdehnung des naturwissenschaftlichen Prinzips auf alle Wissenschaften, wie sie Comte und andere vollzogen, bedeutete zugleich, daß der Trennungsstrich, der seit Newton zwischen der Naturwissenschaft auf der einen und der Theologie und der Philosophie auf der anderen Seite gezogen war, verlängert wurde und nunmehr die Gesamtheit der Wissenschaften von der Philosophie und Theologie scheidet.

Die Trennung der positiven Wissenschaften von Theologie und Philosophie bedeutet für Comte zugleich deren Abwertung. Er stuft beide als zwar nötige, aber doch primitive Vorformen ein. Mit dieser Tendenz entwickelte er das sogenannte Drei-Stadien-Gesetz:

»Bei Betrachtung der Entwicklung des menschlichen Geistes in allen seinen verschiedenen Wirkungssphären seit seinem ersten unscheinbaren Aufkeimen bis zur Gegenwart glaube ich ein großes, allgemeines Gesetz gefunden zu haben ... Dies Gesetz sagt, daß alle unsere letzten Gedanken und einzelnen Kenntnisse nacheinander drei verschiedene Stadien des Erkennens durchlaufen: das theologische oder fiktive, das metaphysische oder abstrakte, das wissenschaftliche oder positive ...

Im theologischen Stadium richtet der menschliche Geist seine Untersuchungen im wesentlichen auf die innere Natur der Dinge und die ersten Ursachen und letzten Ziele allen Geschehens, mit einem Wort: auf eine absolute Erkenntnis. Er sieht in allen Vorgängen das unmittelbare, ununterbrochene Wirken von mehr oder minder zahlreichen übernatürlichen Wesen, deren vermeintliches Eingreifen alle Unregelmäßigkeit im Weltall erklären soll, die ihm in die Augen fällt.

Im metaphysischen Stadium, das im Grunde nur eine einfache Abänderung des ersten ist, werden die übernatürlichen Wesen ersetzt durch abstrakte Kräfte als wirklich gedachte Wesenheiten (personifizierte Abstraktionen), welche den verschiedenen Dingen der Welt innewohnen sollen ...

Im positiven Stadium erkennt man endlich die Unmöglichkeit, absolute Erkenntnisse zu gewinnen. Man verzichtet darauf, Ursprung und Bestimmung des Weltalls zu ergründen und die inneren Ursachen der Erscheinungen zu begreifen. Man strebt einzig und allein danach, durch wohlüberlegte Vereinigung von Theorie und

Beobachtung ihre wirkenden Gesetze, das heißt ihre unveränderlichen Beziehungen nach Zeitfolge und Ähnlichkeit zu entdekken.«[169]

Nach Comtes Überzeugung hat der Mensch in den ersten Phasen seiner Entwicklung aus egoistischen oder altruistischen Trieben gehandelt. Dagegen wird sein Verhalten im letzten Stadium von wissenschaftlicher Einsicht gelenkt. Grundlage der neuen wissenschaftlichen Politik soll die Soziologie sein. Dazu erklärt er: »... Technik wird ... nicht mehr ausschließlich geometrisch, mechanisch oder chemisch usw. sein, sondern auch und in erster Linie politisch und moralisch; denn die von der Menschheit ausgeübte Haupttätigkeit muß in jeder Hinsicht in der ständigen Verbesserung ihrer eigenen individuellen wie kollektiven Natur bestehen ...«[170]

Comte weiß, daß die Hochschätzung des einzelnen Menschen in der abendländischen Tradition mit religiösen Überzeugungen zusammenhängt.[171] Daher fordert er in seinen Vorträgen eine Reorganisation der Gesellschaft ohne Gott durch den systematischen Kult der Menschheit. Wem es um die Menschheit gehe, dem gehe es nicht um Gott und nicht um den einzelnen Menschen.

Mit der Verkündigung seines Programms erhebt Comte als Vorkämpfer der positiven Wissenschaften zugleich einen absoluten Führungsanspruch und wendet sich mit einer bemerkenswerten Intoleranz gegen alle, die an Gott glauben.

So schließt er z.B. einen Vortrag am 19. Oktober 1851 mit den Sätzen: »Im Namen der Vergangenheit und der Zukunft ergreifen hiermit die theoretischen und praktischen Diener der Menschheit in würdiger Weise die allgemeine Leitung der irdischen Angelegenheiten, um endlich die wahre moralische, intellektuelle und materielle Vorsehung aufzurichten. Sie schließen hiermit alle die verschiedenen Sklaven Gottes, gleichviel, ob sie Katholiken, Prote-

[169] A. Comte, Système de politique positive, a.a.O., S. 77. In mancher Hinsicht bedeutet der vermeintliche Fortschritt zur positiven Wissenschaft eher einen Rückschritt von der menschlichen Fragehaltung zum umweltgebundenen Verhalten der Tiere. Die Fragen, die Comte als wissenschaftlich zuläßt, beziehen sich samt und sonders auf die Umwelt des Menschen und deren Gestaltung.

[170] A. Comte, Discours, a.a.O., S. 61.

[171] Vgl. hierzu III,5.

stanten oder Deisten seien, als rückschrittliche und störende Elemente unwiderruflich von der politischen Herrschaft aus.«

Während die Trennung der Naturwissenschaften von Philosophie und Theologie zunächst kein Gegeneinander bedeutet hatte, »sondern eher ein Nebeneinander, da das zentrale Forschungsgebiet und vor allem das erkenntnisleitende Forschungsinteresse nicht identisch waren«[172], erhoben die Wissenschaften insgesamt nunmehr einen Anspruch auf ein ausschließliches Monopol für wahre Erkenntnis und auf die allgemeine Leitung der irdischen Angelegenheiten, »während sie alle an Gott Glaubenden« als rückschrittliche und störende Elemente unwiderruflich von der politischen Herrschaft« ausschlossen.

3. Die wissenschaftlichen Ideologien des 19. und 20. Jahrhunderts

Entgegen seinem eigenen Wissenschaftsideal begnügte sich schon Comte keineswegs damit, nur »objektive Gegebenheiten« festzustellen. Schon das Drei-Stadien-Gesetz war letzten Endes eine ideologische Geschichtsdeutung, die über die bloße Feststellung von Gegebenheiten weit hinausging.

Die einmal begonnene Ideologisierung der Wissenschaften[173] schritt in der Folgezeit immer weiter fort. Sie erreichte ihren Höhepunkt im Dialektischen Materialismus und in der Rassenideologie

[172] Vgl. Kapitel I,4.

[173] An dieser Stelle könnten selbstverständlich längere Ausführungen über den Begriff der Ideologie gemacht werden, der insbesondere seit der durch Marx entfachten Diskussion immer vieldeutiger und umfangreicher geworden ist. So versuchte z.B. Reinhardt Lauth bei den Salzburger Hochschulwochen 1961, die Ideologie zu bestimmen als eine »scheinwissenschaftliche Interpretation im Dienste einer praktisch-gesellschaftlichen Zielsetzung, die sie rückläufig legitimieren sollen, wobei es wesentlich ist, daß die praktisch-gesellschaftliche Zielsetzung den Anspruch auf Heilsbedeutung erhebt und die Verkünder der Ideologie bestrebt sind, mit Hilfe von Propaganda die Massen zu ergreifen, um die Ideologie praktisch wirksam zu machen.« Schließlich sei noch auf den Definitionsversuch von Paul Ascher hingewiesen, den dieser im Jahre 1970 in der

des Dritten Reiches. Wie im folgenden näher gekennzeichnet wird, waren beide Ideologien ihrem Selbstverständnis nach wissenschaftliche Weltanschauungen und behaupteten damit, religiösen und philosophischen Daseinsdeutungen überlegen zu sein.

Abgesehen von seinem wissenschaftlichen Anspruch ist der Dialektische Materialismus allerdings nur verständlich auf dem Hintergrund der philosophischen Weltdeutung Hegels. Dieser hatte seine Konzeption zunächst in dem Bestreben entwickelt, die Offenbarung mit der Vernunft in Einklang zu bringen. Sein Schlüsselerlebnis war die Französische Revolution. Daß mit ihr jedem Menschen Freiheit als Rechtsprinzip zugesprochen wurde, war für Hegel ein handfester Beweis für das Wirken Gottes in der Geschichte. Denn nach seiner Überzeugung war das Thema der Freiheit, wie er es insbesondere in Luthers reformatorischen Schriften herausgestellt fand, ein Grundthema der Offenbarung. Im Hinblick auf die Freiheit hat nach Hegels Überzeugung Jesus selbst das Gegenteil von dem gewollt, was das geschichtliche Christentum bei seiner Verkündigung daraus gemacht hat. Die Kirche habe das Charakteristische der jüdischen Religion - Knechtschaft unter dem Gesetz - in einer neuen Weise etabliert. »Für die politische Theorie Hegels ergibt sich aus dieser Tatsache die Forderung, die Realisierung der Freiheit auch im Politischen als eine Forderung des Religiösen selber, und die Trennung von Staat und Kirche unter Anerkennung des Primats des Staates . . .«[174]

Die Forderung nach politischer Freiheit und nach Primat des Staates war nach Hegels Überzeugung durch die revolutionäre Etablierung der bürgerlichen Freiheit weltgeschichtlich von der Verheißung in die Erfüllung übergegangen.[175] Daher sah Hegel im Erfolg der Freiheitsparole im Laufe der Französischen Revolution das Wirken Gottes in der Geschichte erwiesen: »Die Realisierung des Begriffs der Freiheit ist das Ziel der Weltgeschichte. Ihre Entwick-

Pädagogischen Rundschau vorgelegt hat. (Vgl. Paul Ascher, Ideologiefreie Erziehungswissenschaft? - Zum Begriff der Ideologie in der Pädagogik.)

174 Günter Rohrmoser, Emanzipation oder Freiheit - Das christliche Erbe der Neuzeit, Berlin 1995, S. 102.

175 Vgl. hierzu auch Günter Rohrmoser, Zäsur - Wandel des Bewußtseins, Stuttgart 1980, S. 301.

lung ist die wahre Theodizee.«[176] Hegel betrachtete es nunmehr als seine Aufgabe, dieses Wirken Gottes in der Geschichte überzeugend aufzuweisen und zu deuten.

Ausgangspunkt seiner Überlegung war die christliche Lehre von der Dreifaltigkeit, die Hegel - allerdings in anderer Art als einst Joachim von Fiore - auf die Geschichte bezieht: Gott, der Vater, das Ewige In-und-bei-sich-Sein, entäußere sich in die Schöpfung. Angesichts der Vielfalt des Geschaffenen bedeute diese Entäußerung zugleich »Partikularisation« und Entzweiung sowie im Hinblick auf das ursprüngliche Bei-sich-Sein Gottes: »Gottes-Ferne«. Das furchtbarste Dokument dafür sei der Tod Jesu am Kreuz in Gottverlassenheit. Die Entzweiung Gottes und die Gottverlassenheit der Schöpfung werde jedoch überwunden durch die Auferstehung und münde schließlich in den Prozeß der Versöhnung im Wirken des Heiligen Geistes in der Gemeinde.[177]

Insgesamt kann die Hegelsche Dialektik als ein Versuch betrachtet werden, das Wirken des ewigen Dreifaltigen Gottes in eine Deutung des Geschichtsablaufs zu pressen, der praktisch auf eine Säkularisierung bzw. eine Perversion des trinitarischen Gottesverständnisses hinausläuft. Diese Perversion dokumentiert sich nicht zuletzt in der Art und Weise, wie Hegel die menschliche Person in seinem System zum bloßen Faktor der Gesamtentwicklung[178] macht.

Die Geschichte ist für Hegel zutiefst die Geschichte der Weltvernunft bzw. des »absoluten Geistes«. Hiermit begründet er auch die Abfolge ihres Ganges in These, Antithese und Synthese. Vereinfa-

[176] Formulierung übernommen aus Friedrich Ueberwegs Grundriß der Geschichte der Philosophie 4. Teil, Tübingen 1951, S. 96.

[177] Ebenfalls unter Berufung auf die Trinität entwickelt Hegel sein Verständnis der Natur. Hier betrachtet er in Anlehnung an Platos Ideenlehre das Reich der Begriffe bzw. Wesenheiten, das von der Logik als Lehre vom Sein erschlossen bzw. entwickelt wird, als den »Geist an sich«. Die konkrete Natur repräsentiert dann den »Geist für sich«, das heißt den Geist in seinem - von den Begriffen abweichenden - Anderssein bzw. in seiner Selbstentfremdung. Diese Erscheinung des Geistes in der Weltentfremdung ist zugleich die Art, wie sich der Geist dem nichtreflektierenden Menschen darbietet. Die Philosophie des Geistes, die sich dem »Geist an und für sich« zuwendet, indem sie die Vielfalt der Erscheinungen durch begriffliche Ordnung auf den Geist an sich zurückbezieht, arbeitet damit zugleich am Werk der Versöhnung.

[178] Vgl. hierzu III,5.

chend kann man formulieren: Im Endeffekt wird Gott zur bloßen »Weltvernunft« degradiert und seine personale Trinität durch den Dreischritt von These, Antithese und Synthese ersetzt. Diese Abfolge sei die Art vernünftigen Denkens. Das Denken beginne zunächst mit einer These. Es entwickle jedoch dann dazu eine Antithese und versuche schließlich, in einer Synthese These und Antithese zu vereinigen. Diese Synthese werde jedoch dann zum Ausgangspunkt weiteren Denkens und fordere wieder eine Antithese heraus und so fort.

Völker, Staaten und Kulturen, Individuen und ihr geschichtliches Handeln sind für Hegel gleicherweise Funktionsträger im Prozeß des wachsenden Bewußtseins des absoluten Geistes. Als solche haben sie ihren je besonderen geschichtlichen Ort. Auf jeder Entwicklungsstufe des Weltgeistes sind bestimmte Völker die Herrschenden, denen gegenüber die »Geister der anderen Völker rechtlos« sind. Soweit einzelne Menschen zum Träger weltgeschichtlicher Entscheidungen werden, haben sie nach Hegel die Funktion von »Geschäftsführern« des Weltgeistes.[179]

Der dialektische Ablauf der Geschichte ist durch den Kampf von Gegensätzen bestimmt, in dem sich die Weltvernunft realisiert. Dank dieser Programmierung ist das Wirkliche nach Hegels Überzeugung zugleich das Vernünftige. Der Prozeß der Weltgeschichte erbringt dementsprechend zugleich den Sieg des Vernünftigen. Daher kann nach Hegels Auffassung in der Geschichte nichts Sinnloses geschehen.

Er versichert im Hinblick auf den konkreten Ablauf der Geschichte in aller Konsequenz: »Wir wissen, diese Dinge sind geschehen, und da sie geschehen sind, haben sie einen Sinn.« Er fügt allerdings hinzu: »Wo nicht, so müssen wir ihnen einen geben.«[180] Denn die Identität des Vernünftigen mit dem Wirklichen ist bei Hegel nicht nur eine bloße Feststellung, sondern auch eine Herausforderung und Aufgabe. Das Wirkliche gewinnt seine volle Wirklichkeit erst dann, wenn es vernünftig ist. Daher ist es ein vom Menschen ge-

[179] Vgl. G.W.F. Hegel, a.a.O., Band XII, Grundlinien des Rechts, Philos. Bibliothek, Band 124a, §§ 341–353, S. 288f.

[180] Vgl. Hegel, a.a.O.; ferner: W. Rathenau, Schriften V, S. 256; Fr. Schnabel, Deutsche Geschichte im 19. Jahrhundert, Freiburg/Br. 1950, Bd. III, S. 3ff.

forderter Dienst an der Wirklichkeit, sie durch Sinngebung zu ihrem eigenen vollen Sein zu bringen.

Im dialektischen Verstehen des geschichtlichen Vernunftprozesses liegt für Hegel zugleich ein Trost und eine Versöhnung auch gegenüber den Opfern und den Leiden der Geschichte. Das Problem des Leidens in den Gegensätzlichkeiten der Welt trifft Hegel zunächst mehr als andere Denker. Versöhnung und vernünftige Rechtfertigung des Leidens ist deshalb ein wesentliches Motiv seines Denkens. Allerdings interessiert ihn dabei nur das Resultat und der *allgemeine* Gang des Geschehens, zu dem auch die Leidenden und Unterlegenen gehören. »Dabei, daß einzelne Individuen gekränkt worden sind, kann die Vernunft nicht stehen bleiben; besondere Zwecke verlieren sich in dem allgemeinen.«[181] Die Empfindsamkeit für das Leiden, das immer nur im einzelnen real ist, flüchtet sich somit in den Trost des allgemeinen Fortschritts der Weltvernunft. Damit setzt sich Hegel praktisch über den einzelnen Menschen hinweg.

Eine Schlüsselstellung im Prozeß der Weltgeschichte hat für Hegel der Staat. Er sei »die Wirklichkeit der sittlichen Idee«. Daher vollziehe sich die Hingabe des Menschen an Gott - gemeint ist die unpersönliche Weltvernunft - in vollkommenster Weise in der Mitarbeit am Staat. Ein Recht gegen den Staat könne es daher nicht geben. Alles, was dem Staate dient, sei moralisch gut. Hatte Machiavelli einst geschrieben, daß ein Fürst um des Staates willen zuweilen *notgedrungen* der Gerechtigkeit zuwider handeln müsse[182], so erklärt Hegel nunmehr: »Eine solche (= machiavellistische) Politik ist Moral.«[183] Damit wurde Moral mit politischer Zweckmäßigkeit und geschichtlichem Fortschritt bzw. Erfolg eng verknüpft.

Wie schon diese Hinweise zeigen, ist vieles, was Hegel sagt, durchaus ambivalent. Daher wird verständlich, daß er in seiner Wirkungsgeschichte - entgegen seiner ursprünglichen Absicht - nicht nur positive Anstöße zum weiteren Nachdenken gegeben hat,

[181] Vgl. G.W.F. Hegel, a.a.O., Band XVIII A, Vorlesungen über die Philosophie der Weltgeschichte, Philos. Bibliothek Band 171 a, S. 26–49.
[182] Vgl. V, 2.
[183] Vgl. Werke Hegels in der Jubiläumsausgabe von H. Glockner 1929, hier insb. Bd. I; ferner: M. Lenz, Geschichte der Universität Berlin, II. 1, S. 291ff.

sondern auch zu einem geistigen Wegbereiter menschenverachtender Ideologien geworden ist.

Diese ihrerseits versuchen jedoch, sich als wissenschaftliche Weltanschauungen zu begründen und zu empfehlen. In diesem Sinne heißt es z.B. in dem Geleitwort Walter Ulbrichts zu dem damals in der DDR weitverbreiteten Schulungsbuch »Weltall - Erde - Mensch«: »In dem vorliegenden Buch wird, ausgehend von den Erkenntnissen der fortgeschrittensten Wissenschaft, der Sowjet-Wissenschaft, die Entwicklung in Natur und Gesellschaft dargelegt ... Gleichzeitig wird der Kampf gegen Aberglauben, Mystizismus, Idealismus und alle anderen unwissenschaftlichen Anschauungen geführt.«[184]

Tatsächlich hat schon Marx betont, daß nur der ein Recht habe, sich mit Aktionsprogrammen an die Arbeiterschaft zu wenden, der sich auf eine streng wissenschaftliche Theorie stützt. Dadurch fühlte er sich den »Sozialutopisten« überlegen. Bei der Begründung seiner Theorie hat Marx nicht nur eine in vieler Hinsicht beachtenswerte Analyse der damaligen ökologischen Entwicklung geleistet, sondern er hat zusammen mit Friedrich Engels eine Gesamtsicht der Entwicklung von Welt und Gesellschaft erarbeitet, die alle damals anerkannten wissenschaftlichen Erkenntnisse einzubeziehen suchte. Hierzu gehört vor allem die Auffassung, »daß die Welt ihrer Natur nach materiell ist«.[185]

Im Gegensatz zum Materialismus vormarxistischer Denker wie etwa Hobbes oder Lamettrie oder auch Comte, die unter Berufung auf den angeblich materiellen Charakter aller Erscheinungen qualitative Unterschiede innerhalb der Wirklichkeit leugneten und auch Tiere und Menschen letztlich als Mechanismen betrachteten, erkennt der Dialektische Materialismus qualitative Unterschiede zwischen den verschiedenen Wirklichkeitsbereichen an. Hierin ist er dem wissenschaftlichen Materialismus des vorigen Jahrhunderts weit überlegen. Qualitative Unterschiede kommen nach seiner

184 Weltall - Erde - Mensch, Leipzig 1956, Geleitwort von W. Ulbricht, Sammelwerk zur Entwicklungsgeschichte von Natur u. Gesellschaft; Hrsg. Buschendorf, Wolffgramm, Radandt.

185 Diese Auffassung ist also keineswegs eine neue These von Marx, sondern eine weitverbreitete Auffassung vieler damaliger Wissenschaftler.

Auffassung dadurch zustande, daß an bestimmten kritischen Punkten quantitative Veränderungen in qualitative umschlagen und auf diese Weise neue Stufen der Wirklichkeit erreicht werden.

Die gesamte Entwicklung hat nach Auffassung der marxistischen Denker eine Tendenz vom Niederen zum Höheren. Dabei konnte man sich insbesondere auf die darwinistische Interpretation der Entwicklung des Lebendigen stützen, derzufolge sich alles Lebendige aus einfachsten Formen höher entwickelt habe. Im Gegensatz zur darwinistischen These handelt es sich nach Auffassung der marxistischen Denker jedoch nicht um einen kontinuierlichen, sondern um einen dialektischen Aufstieg, der sich von der unbelebten über die belebte Materie bis zum Menschen, der »höchsten Stufe« der belebten Materie, erstrecke. Bei der Darlegung der Dialektik knüpft Marx bewußt an Hegel an.

Da für Hegel die wahrnehmbare und erfaßbare Welt die stoffliche Erscheinungsform des Denkens der Weltvernunft ist, bleibt schon für ihn der Dreischritt von These, Antithese und Synthese nicht auf das Denken beschränkt, sondern ist zugleich Strukturprinzip aller Veränderung n, auch der in der materiellen Wirklichkeit. Im Gegensatz zu Hegel erklärt der Dialektische Materialismus jedoch, »daß die mannigfachen Erscheinungen in der Welt verschiedene Formen der sich bewegenden Materie darstellen . . ., daß die Welt sich nach den Bewegungsgesetzen der Materie entwickelt und keines ›Weltgeistes‹ bedarf . . ., daß das Denken ein Produkt der Materie ist«[186], und macht damit aus der primär dem Denken zugeordneten Dialektik Hegels eine Dialektik, die primär in der materiellen Entwicklung wurzelt. Nur weil das Sein dialektisch sei, vollziehe sich auch das im Bewußtsein erfolgende Denken nach den Gesetzen der Dialektik. Denn es sei nur Begleiterscheinung der materiellen Entwicklung. In diesem Sinne stellt der Dialektische Materialismus, wie seine Vertreter versichern, Hegel »vom Kopf auf die Füße«.

[186] Geschichte der KPdSU, Kurzer Lehrgang, gebilligt vom ZK der KPdSU (B). 1938, deutsch – Verlag für Fremdsprachliche Literatur, Moskau 1952, S. 140; das zitierte von Stalin verfaßte Kapitel über Dialektischen und Historischen Materialismus fehlt ersatzlos in der Neuauflage Moskau 1970, deutsch: Berlin 1971.

Neben die kosmische und biologische Entwicklung der Materie tritt mit dem Aufkommen des Menschen eine neue Form von Veränderungen: die Geschichte. In ihr gäbe es ebenso wie in der Entwicklung des Kosmos und des Lebendigen eine Gesetzmäßigkeit der Entwicklung. Sie unterscheide sich von jener jedoch dadurch, daß sie von der Aktivität des Menschen bestimmt werde, der durch seine Arbeit die Erde umgestaltet. Der Erschließung der Gesetze der Geschichte dient der Historische Materialismus, der nach dem Selbstverständnis marxistischer Denker die Anwendung der Leitsätze des Dialektischen Materialismus auf die Erforschung des gesellschaftlichen Lebens ist.

Die entscheidende Grundlage der Geschichte stellt für den Historischen Materialismus die wirtschaftliche Entwicklung, die ökonomische Basis, dar. Alles andere - insbesondere alle religiösen und philosophischen Überzeugungen - sei nur »Überbau«. Jeder Veränderung der ökonomischen Basis folge zwangsläufig eine entsprechende Änderung des geistigen Überbaus. Es gebe allerdings umgekehrt auch Rückwirkungen des Überbaus auf die Basis.[187] Eine endgültige Klärung in der Diskussion über das Verhältnis von Überbau und Basis ist trotz intensiver Bemühungen noch nicht erreicht.

Im Gegensatz zur Höherentwicklung im kosmischen und biologischen Bereich vollziehe sich der Übergang von einem Typ der Produktionsverhältnisse zum nächsthöheren - der Historische Materialismus unterscheidet fünf Typen dieser Produktionsverhältnisse - nicht mit Notwendigkeit. Vielmehr müßten im Interesse des menschlichen Fortschritts, nachdem die Produktivität die nötige Reife erlangt hat, die alten herrschenden Klassen durch die bewußte Tätigkeit der neuen Klassen, das heißt durch gewaltsame Handlungen und Revolutionen, beseitigt werden. Revolutionäres Handeln sei somit notwendig, um den Fortschritt und Aufstieg der Menschheit zu sichern.

Im Hinblick auf die Bedeutung des Einzelnen in der Geschichte prägt der Historische Materialismus im geistigen Einklang mit Hegel den Gedanken aus, daß der Wert jedes Menschen sich daran entscheidet, welchen Beitrag er zu einer fortschrittlichen und letzt-

[187] Dies wurde besonders von Stalin herausgearbeitet.

hin notwendigen Entwicklung der Menschheit leistet. Die Freiheit des Menschen bestehe in der sittlich geforderten Einsicht in die Notwendigkeit einer fortschrittlichen Gesamtentwicklung. Der Beitrag, den der Einzelne dafür zu leisten hat, wird ihm in der Praxis von den technokratischen Planungen der kommunistischen Gewalthaber bzw. den revolutionären Aktionsprogrammen der Parteileitungen vorgeschrieben. Ziel der Wissenschaft ist in dieser Konzeption letzten Endes nicht eine Deutung und Erklärung der Welt, sondern deren Veränderung.

Der Nationalsozialismus hat keine geistige Elite der gleichen Qualität aufzuweisen wie der Dialektische Materialismus. Sein Aufstieg wird nur aus der Gesamtlage der damaligen Zeit verständlich. Die unnötigen Demütigungen, die Deutschland nach seiner Niederlage im Ersten Weltkrieg durch die Alliierten erfuhr, begünstigten einen Nationalismus. Er verband sich weithin mit der Suche nach Schuldigen für die wirtschaftliche Not, die man jahrelang erfuhr. In dieser Lage bot sich die Bewegung Hitlers als eine nationale und soziale Bewegung an. Auf mannigfaltige Weise schmeichelte sie dem deutschen Volk, indem sie es als das tüchtige, biedere und arbeitsame Volk pries und zugleich als Negativfigur auf den Juden hinwies, der im Hintergrunde aller Aktionen gegen das deutsche Volk stehe.

Im Gegensatz zum Marxismus hat der Nationalsozialismus zwar in Hitlers Buch »Mein Kampf« und anderen Darlegungen seiner führenden Vertreter grundlegende Aussagen vorgelegt, jedoch keine in sich abgeschlossene offizielle Gesamtdarstellung zustandegebracht. Allerdings stand ihm dafür auch nicht die gleiche Zeit zur Verfügung. Trotzdem hat auch er in vielfältigen Ansätzen versucht, seine theoretischen Grundlagen systematisch durchzuarbeiten und abzurunden. Dabei erhoben seine führenden Vertreter – hierin den Marxisten vergleichbar – auch ihrerseits den Anspruch, eine wissenschaftlich fundierte Weltanschauung darzubieten. In diesem Zusammenhang muß vor allem auf Alfred Rosenbergs Buch »Mythus des 20. Jahrhunderts« verwiesen werden, das in erster Auflage 1930 erschien und immer wieder neu aufgelegt wurde.[188]

[188] Obgleich Rosenberg seit 1934 »Beauftragter des Führers« für die geistige und weltanschauliche Schulung und Erziehung der NSDAP war, wurde er doch nie zu einer Art von offiziellem Chefideologen. Mit höchster Anerkennung muß

Wie Rosenberg erhoben auch andere Vertreter des Nationalsozialismus den Anspruch auf wissenschaftliche Fundierung ihrer Ideologie. Bezeichnenderweise heißt es in einem streng vertraulichen – also nicht der Propaganda nach außen dienenden – Rundschreiben des Reichsleiters Bormann: »Nationalsozialistische und christliche Auffassungen sind unvereinbar. Die christlichen Kirchen bauen auf der Unwissenheit der Menschen auf und sind bemüht, die Unwissenheit möglichst weiter Teile der Bevölkerung zu erhalten; denn nur so können die christlichen Kirchen ihre Macht bewahren. Demgegenüber beruht der Nationalsozialismus auf wissenschaftlichen Fundamenten. Das Christentum hat unveränderliche Grundsätze, die vor fast 2000 Jahren gesetzt und immer mehr zu wirklichkeitsfremden Dogmen erstarrt sind. Der Nationalsozialismus dagegen muß, wenn er seine Aufgabe auch weiterhin erfüllen soll, stets nach den neuesten Erkenntnissen der wissenschaftlichen Forschung ausgerichtet werden.«[189]

Wie der Dialektische Materialismus einerseits an den wissenschaftlichen Materialismus und andererseits an Hegel anknüpfte, so führte auch der Nationalsozialismus – zum Teil in höchst eigenwilliger Weise – Gedanken weiter, die vorausgegangene Philosophen und Wissenschaftler bereitgestellt hatten. Schon der Begriff des Dritten Reiches knüpft ja in einer merkwürdigen Weise an Joachim von Fiore an.[190]

erwähnt werden, daß damals der Privatdozent Dr. Walter Künneth als Leiter der Apologetischen Centrale eine mutige »Antwort auf den Mythus – die Entscheidung zwischen dem nordischen Mythus und dem biblischen Christus« schrieb.

189 M. Bormann, Streng vertrauliches Rundschreiben der NSDAP von 1942 an die Gauleitungen; in: J. Beckmann (Hrsg.), Kirchliches Jahrbuch für die Evangelische Kirche in Deutschland 1933 bis 1944, Gütersloh 1948, S. 470ff. Die Haltung der NSDAP gegenüber den christlichen Kirchen wird noch deutlicher in diesem Rundschreiben artikuliert, wenn es heißt: »Ebenso wie die schädlichen Einflüsse der Astrologen, Wahrsager und sonstigen Schwindler ausgeschaltet und durch den Staat unterdrückt werden, muß auch die Einflußmöglichkeit der Kirche restlos beseitigt werden. Erst wenn dieses geschehen ist, hat die Staatsführung den vollen Einfluß auf die einzelnen Volksgenossen. Erst dann sind Volk und Reich für alle Zukunft in ihrem Bestand gesichert.« Bormann/Beckmann, ebd.

190 Vgl. IV, 5.

Wichtiger als dieser alte Begriff ist jedoch die Rassenideologie. Schon Darwin hatte seine Theorie von der natürlichen Zuchtwahl und von der Entstehung des Menschen im Laufe der Evolution mit einer Hoffnung verbunden und geschrieben: »Es ist begreiflich, daß der Mensch einen gewissen Stolz empfindet, daß er sich . . . auf den Gipfel der organischen Stufenleiter erhoben hat; und die Tatsache, daß er sich so erhoben hat, anstatt von Anfang dort hingestellt zu sein, mag ihm die Hoffnung auf eine noch höhere Stellung in einer ferneren Zukunft erwecken.«[191]

Derartige Gedanken wirkten in einer vielfältigen Weise weiter und beherrschten selbst Denker, die sich in mancher Hinsicht von Darwin distanzierten, wie etwa Friedrich Nietzsche. Er ließ seinen Zarathustra erklären: »Ihr habt den Weg vom Wurme zum Menschen gemacht . . . seht, ich lehre euch den Übermenschen.«[192]

Allerdings ist bei Nietzsche die Forderung nach dem Übermenschen kein biologisches Züchtungsprogramm. Es ist eher ein Appell an den Willen, letzten Endes an den Willen des Starken zur Macht. Es geht ihm nicht um eine Fortentwicklung der gesamten Menschheit, sondern es soll der »Luxus-Überschuß der Menschheit« ausgeschieden werden: »In ihr soll eine stärkere Art, ein höherer Typus ans Licht treten, der andere Entstehungs- und andere Erhaltungsbedingungen hat als der Durchschnittsmensch.«[193]

Nietzsche war sich dessen bewußt, daß dieser neue Mensch nach den herkömmlichen Wertmaßstäben eine erschreckende Vision darstellte und erklärte in brutaler Offenheit: »Der Mensch ist das Untier und Übertier; der höhere Mensch ist der Unmensch und Übermensch: So gehört es zusammen. Mit jedem Wachsen des Menschen in die Größe und Höhe wächst er auch in das Tiefe und Furchtbare: Man soll das eine nicht wollen ohne das ande-

[191] Ch. Darwin, Die Abstammung des Menschen, Stuttgart 1955, S. 274. Über die Zusammenhänge zwischen Darwinismus, Sozialdarwinismus und Nationalsozialismus und ihre geschichtlichen Quellen vgl. Hedwig Conrad Martius, Utopien der Menschenzüchtung, der Sozialdarwinismus und seine Folgen, München 1955, insb. S. 13–58; 283–299.

[192] Fr. Nietzsche, Werke in drei Bänden, hrsg. v. K. Schlechta, München 1954-1956, II, S. 279ff., Zarathustras Vorrede.

[193] Friedrich Nietzsche, Werke in drei Bänden, hrsg. von Paul Schlechta, München 1954–1956, III., S. 628.

re.«[194] Programmatisch schrieb er: »Nicht ›Menschheit‹, sondern Übermensch ist das Ziel!«[195]

Während Nietzsche die Schaffung des Übermenschen als künftige Aufgabe propagierte, vertrat der in Deutschland lebende Engländer Houston Steward Chamberlain die Auffassung, daß es unter den bestehenden Menschenrassen den Idealtypus bereits gebe. In seinem weitverbreiteten Buch »Die Grundlagen des 19. Jahrhunderts« erklärte er: »Die Zivilisation und Kultur, welche, vom nördlichen Europa ausstrahlend, heute einen bedeutenden Teil der Welt ... beherrscht, ist das Werk des Germanentums: ... dieses Werk des Germanentums ist ohne Frage das Größte, was bisher vom Menschen geleistet wurde. Es wurde nicht durch Humanitätswahn, sondern durch gesunde, selbstsüchtige Kraft, nicht durch Autoritätsglauben, sondern durch freie Forschung, nicht durch Genügsamkeit, sondern durch unersättlichen Heißhunger geschaffen.«[196]

Derartige Gedanken wurden vom Nationalsozialismus aufgenommen und zu einer – unterschwellig von einem irrationalen Antisemitismus geprägten – biologisch-rassistischen Ideologie zusammengefügt. Unter Berufung auf die Forschungsergebnisse der Biologie forderte man eine Förderung »erbgesunden« Nachwuchses im eigenen Volke und verherrlichte den Krieg zur Durchsetzung gegenüber anderen Völkern.

Das alte Wort Heraklits, daß der Krieg der Vater aller Dinge sei, wurde von Hitler umgeprägt in die, wie er meinte, wissenschaftlich begründete Feststellung: »In ewigem Kampf ist die Menschheit groß geworden – im ewigen Frieden geht sie zugrunde.«[197] Die Träger des den Aufstieg der Menschheit fördernden Kampfes waren nach der Auffassung des Nationalsozialismus vor allem die Rassen und Völker. Daher forderte Hitler in seinem Buch »Mein Kampf«, »daß endlich eine Weltgeschichte geschrieben wird, in der die Rassenfrage zur dominierenden Stellung erhoben wird«.[198]

194 Ebd. III, S. 520.
195 Ebd. III, S. 440.
196 H.St. Chamberlain, Grundlagen des 19. Jahrhunderts, München [30]1944, S. 863f.
197 A. Hitler, Mein Kampf, 220/224. Aufl., München 1936, S. 149.
198 A. Hitler, ebd., S. 272, vgl. S. 420f., S. 444f., S. 468.

Auch die innenpolitische Struktur des Dritten Reiches wurde wissenschaftlich-ideologisch begründet. So heißt es in einem Erlaß des Reichserziehungsministers Rust aus dem Jahre 1935: »Die auf den wissenschaftlichen Ergebnissen der Erblehre und der Biologie aufgebaute rassische Geschichtsbetrachtung widerlegt die Auffassungen, wie sie etwa in der liberalen Fortschrittslehre zum Ausdruck kommen. Aus dem Rassegedanken ist weiterhin die Ablehnung der sogenannten Demokratie oder auch anderer Gleichheitsbestrebungen . . . abzuleiten und der Sinn für den Führergedanken zu stärken.«[199]

Der Gedanke, daß jeder Mensch eine unantastbare Würde habe, war innerhalb des nationalsozialistischen Denkens nicht vollziehbar. Ein Solidaritätsgefühl zwischen allen Menschen und Völkern erschien als eine unrealistische und letzten Endes unverantwortliche »Humanitätsduselei«. Menschen, die nicht der arischen Herrenrasse angehörten, galten nicht als Menschen im Vollsinn des Wortes. So hieß es zum Beispiel in einer 1933 erschienenen Abhandlung von Hermann Gauch: »Der nicht nordische Mensch nimmt also eine Zwischenstellung zwischen dem nordischen Menschen und den Tieren, zunächst den Menschenaffen, ein . . . Der grundsätzliche Gegensatz in den Merkmalen würde also die Gegenüberstellung nordischer Mensch – Tier ergeben, so daß der nicht nordische Mensch in Anbetracht seiner Zwischenstellung der Mehrheit seiner Merkmale bestenfalls eben nur als Untermensch angesprochen werden könnte.«[200] Hier wird der – tatsächlich einem emotionalen Haß entsprungene – Begriff Untermensch »wissenschaftlich« begründet.

Aus dieser Ideologie wurden die politischen Konsequenzen mit brutaler Rücksichtslosigkeit gezogen: Staatsangehöriger konnte nur sein, wer deutschen Blutes war; die Juden hatten als Parasitenrasse kein Lebensrecht. Es lag nach nationalsozialistischer Auffassung im Interesse des wertvolleren Teils der Menschheit, sie auszurotten. Hitler erklärte dem ungarischen Reichsverweser Horthy: Die Juden müßten wie Tuberkelbazillen behandelt werden, an denen sich ein gesunder Körper anstecken könne.

[199] Erlaß des Reichserziehungsministers Rust aus dem Jahre 1935.
[200] H. Gauch, Neue Grundlagen der Rassenforschung 1933, zit. nach: L. Poliakov, Das Dritte Reich und seine Denker, 1959, S. 409.

Auch innerhalb des eigenen Volkes wurden die Konsequenzen aus der Rassenideologie gezogen: Tatsächlich oder vermeintlich Erbkranke wurden zum Teil gewaltsam »durch chirurgische Eingriffe unfruchtbar gemacht«. Dem sogenannten »lebensunwerten Leben« wurde ein Ende bereitet, indem man den betreffenden Menschen den »Gnadentod« gewährte. Andererseits wurde »erbgesunder« Nachwuchs nach Kräften gefördert. Die Maßnahmen reichten von der Familienpolitik bis zur planmäßigen außerehelichen Züchtung »rassisch-hochwertigen« Nachwuchses unter der Regie des »Lebensborns«. Auch so irrationale Erscheinungen wie der Blut-und-Bodenkult erhielten ihre rationale Begründung: Aus der nach Art des Sozialdarwinismus wissenschaftlich begründeten These, daß Blut und Rasse für das Schicksal des Volkes entscheidend seien, ergab sich die Notwendigkeit einer Pflege dieser höchsten Werte.

Entgegen weitverbreiteter Auffassung sind die wissenschaftlich-ideologischen Grundgedanken des Nationalsozialismus auch nach der Niederlage des Dritten Reiches nicht untergegangen, sondern – unter Absage an den Antisemitismus – nur im Sinne wissenschaftlich-technischer Weltgestaltung variiert worden. Als ein angemessenes Mittel zur biologischen Höherentwicklung des Menschen erscheint nicht mehr der unkontrollierbare und riskante Kampf ums Dasein, sondern eine wissenschaftlich kontrollierte Züchtung. Dabei geht es einerseits – wie bereits bei der Gesundheitspolitik im Dritten Reich – um die Ausschaltung erblich Kranker oder Belasteter durch vorsorgliche Abtreibung oder im Extremfall auch durch Euthanasie, andererseits um die Züchtung erwünschter menschlicher Typen, die im Interesse eines optimalen Funktionierens der künftigen Gesellschaft wünschenswert erscheinen.[201]

Vergegenwärtigt man sich den Zusammenhang von Wissenschaft und Ideologie, so wird verständlich, daß sich – von jüdischen Wissenschaftlern, die sich in einer besonderen Lage befanden, abgesehen – nur wenige deutsche Professoren gegenüber der Ideologie des Dritten Reiches immun gezeigt haben. Bekanntlich erschien

[201] Nach der Hoffnung mancher Wissenschaftler ergeben sich hierfür künftig neue Möglichkeiten durch Klonierung.

bereits am 4. März 1933 – unmittelbar vor der Reichstagswahl, die den Nationalsozialisten zusammen mit den Deutschnationalen eine knappe Mehrheit von 52% der Stimmen brachte – im Völkischen Beobachter eine Treueerklärung von 300 Universitäts- und Hochschullehrern für die Liste 1, das heißt die NSDAP. Im Herbst 1933 unterschrieben bereits 960 deutsche Wissenschaftler eine ausdrückliche Ergebenheitsadresse, die von Wilhelm Röpke nicht zu Unrecht als ein »Akt der Prostitution« bezeichnet worden ist.[202]

Es gibt nur wenige Universitäts- und Hochschullehrer, die in der Zeit des Dritten Reiches nichts gesagt und geschrieben haben, an das sie nicht gern erinnert werden. Dabei hätten sie im allgemeinen nicht sich selbst, sondern allenfalls ihre Karriere gefährdet, wenn sie mit ausdrücklichen Treue- und Huldigungsbekenntnissen zurückhaltender gewesen wären. Viele versuchten über allgemeine Treueformeln hinaus in den Vorworten ihrer Veröffentlichungen den positiven Bezug ihrer wissenschaftlichen Arbeit zur herrschenden Ideologie zu unterstreichen. Bei anderen war dieser Bezug auf jeder Seite spürbar.[203] Insgesamt hat trotz mancher Kritik an einzelnen Maßnahmen die Mehrheit der deutschen Wissenschaftler – unbeschadet rühmlicher Ausnahmen – dem Dritten Reich bis zur anbrechenden Katastrophe angehangen oder zumindest Zugeständnisse gemacht. Erst als sich diese Katastrophe ankündigte, schalteten viele mehr oder weniger rechtzeitig um.

Es ist kaum feststellbar, wieweit die Treuebekenntnisse deutscher Wissenschaftler zum Nationalsozialismus und ihre Abkehr von dieser Ideologie beim Zusammenbruch des Dritten Reiches reinem Opportunismus entsprangen und wieweit es sich jeweils um echte Überzeugungen handelte. Wahrscheinlich geht eine solche alternative Fragestellung in vielen Fällen an der tatsächlichen Haltung vorbei, da sich die meisten dieser Intellektuellen unabhängig von der jeweiligen politischen Situation und Option stets primär als Wissenschaftler betrachteten und in dieser Haltung ihre Kontinui-

[202] Diese Zahlen müssen selbstverständlich auf dem Hintergrunde des damaligen Personalbestandes der deutschen Universitäten und Hochschulen gesehen werden.

[203] Das gilt insbesondere für den damaligen Mittelbau der Universitäten, d.h. für die Wissenschaftler, die auf eine künftige Karriere hofften.

tät wahrten. Als exemplarisch für diese Gruppen kann Helmut Schelsky betrachtet werden. In der Zeit des Dritten Reiches forderte er eine neue Geschichtsschreibung, die ihren »wissenschaftlichen Grundlagen nach nationalsozialistisch« sein sollte, und sprach in einer Buchbesprechung von »Grundlinien einer nationalsozialistischen Philosophie«, die »in strengster Wissenschaftlichkeit« entwickelt worden sei.[204]

Der Wille zur Wissenschaftlichkeit blieb trotz politischer Neuorientierung auch nach 1945 die dominierende Komponente seiner geistigen Haltung. Schelsky gesteht zwar ein, daß die Wissenschaft »eine spezifische Bearbeitung des Gegenstandes« vornimmt, um so zur »Natur der Sache zu gelangen«.[205] Er erspart sich jedoch die kritische Frage, ob bzw. wieweit die Natur der Sache selbst nach einer spezifischen Bearbeitung des Gegenstandes erkennbar bleibt. Erstaunlich ist, daß Schelsky die Wissenschaften trotz ihrer Bindung an bestimmte Methoden als Medium zur »unbedingten Suche nach Wahrheit«[206] betrachtet, ohne zu bedenken, daß Festlegung auf ein bestimmtes Methodensystem mit unbedingter Suche nach Wahrheit unvereinbar ist.

Wie eine Vollzugsmeldung an Comte klingt es, wenn Schelsky feststellt: »Die Erziehung zur Wissenschaftlichkeit nimmt heute also dem Bildungsgang gegenüber jene Stellung ein, die das klassische Bildungsideal der Universität nur der unmittelbaren sittlichen und religiösen Volkserziehung zuschrieb.«[207] Es ist unerklärlich, worauf sich die Hoffnungen gründen, die Schelsky in die Wissenschaften setzt, die er als gemeinsames Gut der Menschheit den »partikularen Wertvorstellungen« der Religion entgegensetzt, wobei er einerseits von »geistigem Provinzialismus« der Religionen und andererseits von einer »weltweiten wissenschaftlichen Zivilisation« spricht und außerdem mit Befriedigung darauf hinweist, daß selbst die ideologischen Systeme »der heutigen Welt im Grundsatz immer noch den Willen zur Bildung des Menschen durch Wissen-

[204] H. Schelsky, in: Bücherkunde der Reichsstelle zur Förderung des Deutschen Schrifttums, Gauverlag Bayerische Ostmark, 3. Jahrg. 1936, S. 262 u. 283.
[205] H. Schelsky, Einsamkeit und Freiheit, rde Bd. 171/172 S. 188.
[206] H. Schelsky, Einsamkeit, a.a.O., S. 303.
[207] H. Schelsky, Einsamkeit, a.a.O., S. 297.

schaft vertreten«.[208] Schelsky ist sich also offensichtlich auch nach 1945 der geistigen Nähe von Wissenschaft und Ideologie voll bewußt. Die kritischen Vorbehalte, die am Beispiel Schelskys vorgebracht wurden, richten sich gegen viele Denker unserer Zeit.

Wenn der Dialektische Materialismus - und trotz erheblicher Qualitätsunterschiede auch der Nationalsozialismus - mit gewissem Recht Anspruch erheben, wissenschaftliche Weltanschauungen zu sein, so entsteht eine paradoxe Lage, wenn man versucht, diese Ideologien allein mit wissenschaftlichen Methoden zu widerlegen. Man vertritt auch heute noch in weiten Kreisen die Auffassung, daß strenge Wissenschaftlichkeit ein Heilmittel gegen Ideologien sei und einer Ideologieanfälligkeit entgegenwirke. Wie aus den bisherigen Überlegungen hervorgeht, ist das jedoch eine Illusion.

Wie die bisherigen Überlegungen zeigen, sind die Wissenschaften zwar in vielen Fällen in der Lage, kurzschlüssige philosophische und theologische Spekulationen in Frage zu stellen und zu überwinden. Sie haben jedoch ihrerseits eine Tendenz, sich selbst zu ideologischen Weltdeutungen auszuweiten, und viele ihrer Vertreter neigen nach allen bisherigen Erfahrungen dazu, sich engagiert in den Dienst ideologischer Systeme zu stellen. Es sollte nachdenklich stimmen, daß die Wissenschaftler, die sich im Dritten Reich gegen den Nationalsozialismus gewandt haben, und ebenso diejenigen, die sich im Sowjetsystem dem Marxismus entgegenstellten, nur eine verschwindende Minderheit gewesen sind, wenn man die Gesamtzahl derer bedenkt, die diesen Ideologien entweder ausdrücklich gehuldigt oder ihnen zumindest widerstandslos gedient haben.

Hält man sich den Zusammenhang zwischen Wissenschaft und Ideologie vor Augen, so zeigt sich, wie notwendig es ist, die Wissenschaften in eine ideologiekritische Betrachtung einzubeziehen und nicht von ihnen eine Überwindung ideologischen Denkens zu erwarten. Diese Mahnung ist um so notwendiger, da die Wissenschaften selbst inzwischen in ein Stadium getreten sind, das auch aus immanenten Gründen eine kritische Selbstreflexion notwendig macht.

[208] E. Schelsky, Gemeinverständliche Werke, Bd. 5, Leipzig und Berlin 1924, S. 270.

VII. Die multivalente Krise der Gegenwart

1. Die Verunsicherung der Naturwissenschaften

Die Wende vom 19. zum 20. Jahrhundert bedeutet für die Naturwissenschaften einen tiefen Umbruch. Im Jahre vor der Jahrhundertwende, also 1899, erschien als Bilanz der damaligen naturwissenschaftlichen Erkenntnisse Ernst Haeckels Buch über die »Welträtsel«. Hier verkündete Haeckel seinen Zeitgenossen: »Das 19. Jahrhundert hat größere Fortschritte in der Kenntnis der Natur und dem Verständnis ihres Wesens herbeigeführt als alle früheren Jahrhunderte; es hat viele große ›Welträtsel‹ gelöst, die an seinem Beginn für unlösbar galten . . . Da überragt alle anderen Fortschritte und Entdeckungen des verflossenen ›großen Jahrhunderts‹ das allumfassende Substanzgesetz, das ›Grundgesetz von der Erhaltung der Kraft und des Stoffes‹ . . . Indem dieses höchste Naturgesetz festgestellt und alle anderen ihm untergeordnet wurden, gelangten wir zu der Überzeugung von der universalen Einheit der Natur und der ewigen Geltung der Naturgesetze . . . Der Monismus des Kosmos, den wir darauf begründen . . . vernichtet . . . die drei großen Zentraldogmen der bisherigen dualistischen Philosophie, den persönlichen Gott, die Unsterblichkeit der Seele und die Freiheit des Willens.«[209]

Es gibt kaum ein Buch, das eine bereitwilligere Aufnahme gefunden hätte als »Die Welträtsel«. In weniger als zehn Jahren war es in einer Auflage von einer Viertelmillion verbreitet. Es wurde in etwa dreißig Sprachen übersetzt. Im Jahre 1914 schreibt der Engländer Mac Cabe: »Ich sah die ›Welträtsel‹ unter den einfachsten Fischern der Orkney-Inseln . . . von Hand zu Hand gehen; ich fand es unter

[209] E. Haeckel, Gemeinverständliche Werke, Bd. 5, Leipzig/Berlin 1924, S. 270.

den Bergleuten von Schottland und Wales, unter den Schafscherern Australiens und sogar bei den Maoris Neuseelands.«[210]

Tatsächlich jedoch brachte das beginnende 20. Jahrhundert keineswegs den von Haeckel erwarteten Triumph der klassischen Naturwissenschaften und des mit ihnen verbundenen atheistischen Weltbildes. Der Umschwung erfolgte allerdings nicht durch geistige Initiativen theologischer und philosophischer Denker, sondern durch neue Erkenntnisse der Naturwissenschaften selbst. Zur gleichen Zeit, als Haeckel sein Buch über die Welträtsel schrieb, begann eine intensive Erforschung der Struktur der Atome. Die wichtigsten unerwarteten Ergebnisse waren:

1. Die Jahrtausende alte These »natura non saltat« – die Natur macht keine Sprünge – gilt nicht. Die Atomphysik zeigt im Gegenteil, daß es zumindest in ihrem Bereich keine fließenden Übergänge, sondern nur Sprünge gibt.
2. In Verbindung damit ergaben die Forschungen immer eindrucksvoller, daß es zumindest im atomaren Bereich keine strenge Kausalität gibt und daß daher viele der hier auftauchenden Veränderungen grundsätzlich unberechenbar sind.

Diese Entdeckungen waren für viele Naturwissenschaftler schokkierend. Bedeutende Forscher hofften, für die im Augenblick unerklärlichen Veränderungen auf die Dauer Ursachen zu finden und dadurch erneut eine exakte Berechenbarkeit zu erreichen. Noch Albert Einstein erklärte: »Zu einem Verzicht auf strenge Kausalität möchte ich mich nicht treiben lassen . . . Der Gedanke, daß ein einem Strahl ausgesetztes Elektron *aus freiem Entschluß* den Augen-

[210] Zitiert nach H. Schmidt, Ernst Haeckel – Leben und Werke, Berlin 1926, S. 430f. Rudolf Steiner nannte »Die Welträtsel«: ». . . eines der bedeutendsten Manifeste vom Ende des 19. Jahrhunderts, in reifer Form eine vollständige Auseinandersetzung der modernen Naturwissenschaft mit dem philosophischen Denken aus dem Geiste des genialsten weitblickendsten Naturforschers unserer Zeit heraus« (R. Steiner, Haeckel und seine Gegner, München 1901). Die Lehre vom Monismus des Kosmos fand um so mehr begeisterte Anhänger, als Haeckel zugleich einen »reinen Kultus des ›Wahren, Guten und Schönen‹« proklamierte, den er als »Kern unserer neuen monistischen Religion« bezeichnete. Der 1906 gegründete Monistenbund verfügte über eine weite Anhängerschaft und eine eigene Wochenzeitschrift, die seit 1912 den programmatischen Titel »Das monistische Jahrhundert« führte.

blick und die Richtung wählt, in der es fortspringen will, ist mir unerträglich.«[211]

Selbstverständlich hat Albert Einstein mit seinem Einwand darin recht, daß man nicht von einem »Entschluß« des Elektrons sprechen kann; denn dieser Begriff kennzeichnet nach unserem Sprachgebrauch eine bewußte Willensentscheidung, von der beim Elektron keine Rede sein kann. Man sollte aber für das Verhalten des Elektrons auch nicht den Verlegenheitsbegriff »Zufall« einführen, sondern statt dessen von einer gewissen Spontaneität des Elektrons sprechen.

Allerdings gibt es bis heute Wissenschaftler, die zumindest im makrophysikalischen Bereich an dem inzwischen überholten Weltbild einer absoluten Gesetzmäßigkeit festhalten möchten. In diesem Sinne heißt es z.B. noch in der 1970 erschienenen, also der vorletzten Ausgabe der Brockhaus-Enzyklopädie unter dem Stichwort Indeterminismus: »In einem von äußeren Einwirkungen abgeschlossenen makrophysikalischen System sind durch einen zu irgendeinem Zeitpunkt vorliegenden Zustand alle künftigen Vorgänge *eindeutig vorausbestimmt,* also bei Kenntnis dieses ›Anfangszustandes‹ theoretisch vorausberechenbar.«[212]

Ein solcher rückständiger Konservativismus ist um so unverständlicher, da ein Mann wie Werner Heisenberg schon einige Jahre vorher klar formuliert hatte: »Zwar können auch statistische Gesetzmäßigkeiten zu Aussagen führen, deren Grad von Wahrscheinlichkeit so hoch ist, daß er an Sicherheit grenzt. Aber im Prinzip kann es stets Ausnahmen geben.«[213]

Tatsächlich zeigt auch unsere Alltagserfahrung zuweilen höchst Unwahrscheinliches. Schon unsere Kinder sind beim Spiel ver-

[211] Albert Einstein / Max Born, Briefwechsel 1916–1955, Frankfurt/M. 1982, S. 118.

[212] Diese Feststellung erinnert fatal an die klassische These von Laplace: »Der momentane Zustand des ›Systems‹ Natur ist offensichtlich eine Folge dessen, was er im vorherigen Moment war, und wenn wir uns eine Intelligenz vorstellen, die zu einem gegebenen Zeitpunkt alle Beziehung zwischen den Teilen des Universums verarbeiten kann, so könnte sie Orte, Bewegungen und allgemeine Beziehungen zwischen all diesen Teilen für alle Zeitpunkte in der Vergangenheit und Zukunft vorhersagen.«

[213] Werner Heisenberg, Das Naturbild der heutigen Physik, rde Band 8, S. 26.

blüfft, wenn eines von ihnen zehnmal hintereinander eine Sechs würfelt, ohne dabei zu »mogeln«.

Inzwischen hat die weitere Forschung ergeben, daß die Natur offensichtlich nicht nur im atomaren Bereich Sprünge macht, sondern in allen uns zugänglichen Bereichen der Wirklichkeit. Der Übergang von Atomen zu Molekülen erfolgt stets nur als ein punktuelles Geschehen. Auch das Entstehen des Lebens wird heute von den meisten Experten als ein einmaliger punktueller Vorgang betrachtet und ebenso der Übergang zu strukturell neuen Lebensformen. Daher gehen auch die meisten Darwinisten heute nicht mehr davon aus, daß die entscheidenden Übergänge »ganz allmählich« erfolgt seien, sondern daß es sich um ein punktuelles Geschehen gehandelt habe.

Auch die Unberechenbarkeit gilt nach dem heutigen Stand der Forschung nicht nur im atomaren, sondern auch im makrophysikalischen Bereich. Dabei läßt sich diese Unberechenbarkeit nicht als Folge der atomaren Unberechenbarkeit hinreichend erklären. Eindrucksvolle Beispiele hat die sogenannte Chaosforschung vorgelegt. Dabei geht es nicht um das bisherige »klassische Chaos«, dessen Unberechenbarkeit eine Folge unvollständiger Erkenntnis der einzelnen Komponenten ist. Es geht vielmehr um Systeme, die in ihren jeweiligen Strukturen zwar durchaus bekannt sind, von denen jedoch trotzdem niemand vorhersagen kann, wie sie sich über längere Zeit verhalten werden. Dieses Verhalten wird offensichtlich nicht zuletzt durch Koordinationen geprägt, die mehr oder weniger »spontan« zustandekommen. Diese Koordinationen sind zwar durchaus »theoretisch denkbar«. Für ihr Zustandekommen lassen sich jedoch keine Gründe im Sinne eines Ursache-Wirkung-Modells angeben. Daher hat man es unter dem Begriff »Selbstorganisation der Materie« zu erklären versucht. Allerdings können die gleichen Modelle unter dem Begriff der Synergetik auch für gesellschaftliche Vorgänge angewandt werden. Sie können also den gesamten Bereich der erfahrbaren Wirklichkeit umfassen. Dabei gibt es offensichtlich keine starren Festlegungen, sondern Spielräume für die Bildung von Ordnungen, die nicht deterministisch aus den ursprünglichen Zuständen abgeleitet werden können. In diesem Sinne sind »bislang...

keine allgemeinen Kriterien bekannt, die *zwangsläufig* zur Selbstorganisation führen«.[214]

Das aber bedeutet im Hinblick auf die Veränderungen unserer Wirklichkeit: Es gibt nicht nur zyklische Abläufe, sondern eine echte »Geschichte« der Natur. Was sich in der Vergangenheit ereignet hat und was sich in Zukunft ereignen wird, läßt sich schlechthin nicht berechnen. Das ist erst in jüngster Zeit voll ins Bewußtsein der Forscher getreten. Noch Albert Einstein war auch hierin konservativ und versicherte: »Für uns gläubige Physiker hat die Scheidung zwischen Vergangenheit, Gegenwart und Zukunft nur die Bedeutung einer, wenn auch hartnäckigen, Illusion.«[215]

Heute sind wir jedoch davon überzeugt, daß die Zeit irreversibel in eine Richtung läuft und es in der Vergangenheit Vorgänge gegeben hat, die sich in der Gegenwart nicht wiederholen. Daher sind wir auch darauf gefaßt, daß es in der Zukunft Ereignisse geben wird, die es bislang noch nie gegeben hat. Es gibt offensichtlich immer wieder auch Ereignisse, die sich nicht zwangsläufig aus bestimmten Konstellationen ergeben und die sich nicht aus Gesetzmäßigkeiten ableiten lassen. Daher gibt es eine »Geschichte« der kosmischen Entwicklung und eine Evolution des Lebendigen, die sich – hierin der Geschichte der Menschheit vergleichbar – zwar im nachhinein erklärend beschreiben, aber nicht als zwangsläufige Folge aus gegebenen Anfangsbedingungen ableiten läßt.[216]

In diesem Sinne ist die Gesamtentwicklung durch eine unwiederholbare Zeit geprägt, die aus der Vergangenheit kommt und in die Zukunft gerichtet ist. Den Zusammenhang zwischen der Unberechenbarkeit von Vorgängen und dieser Zeit kennzeichnet Ilya Prigogine mit dem Satz: »Nur weil das Morgen nicht in der Vergangenheit enthalten ist, kann eine irreversible, gerichtete Zeit auftre-

[214] Vgl. hierzu auch: BzD 9 Ulrich Niemann (Hrsg.), Zum Problem der Selbstorganisation der Materie, Symposion des Instituts für Wissenschaftstheoretische Grundlagenforschung vom 1.–3.10.1990 in Paderborn (Tonbandnachschrift), Paderborn und Wuppertal 1991. Das Zitat, vgl. S. 224.

[215] Einstein / M. Besso, Correspondance 1903–1955, Paris 1972, S. 538.

[216] Vgl. hierzu insgesamt BzD 9, Ulrich Niemann, Zum Problem der Selbstorganisation der Materie – Symposion des Instituts für Wissenschaftstheoretische Grundlagenforschung vom 1.–3.10.1990 in Paderborn (Tonbandnachschrift), Paderborn und Wuppertal 1991.

ten.«[217] Im Gegensatz zu den Auffassungen der klassischen Naturwissenschaften stellt er lapidar fest: »Die zunehmende Einschränkung deterministischer Gesetze bedeutet, daß wir von einer geschlossenen Welt, in der alles gegeben war, zu einer neuen Welt gelangen, die offen ist für Schwankungen und Erneuerungen.«[218]

Da - um die Formulierung Heisenbergs noch einmal aufzunehmen - auch statistische Gesetzmäßigkeiten zu Aussagen führen können, »deren Grad von Wahrscheinlichkeit so hoch ist, daß er an Sicherheit grenzt«[219], gehen Spekulationen auch heutiger Naturwissenschaftler zumeist davon aus, daß man gegenwärtige Erfahrungen bzw. Gesetzmäßigkeiten auch in die Vergangenheit und in die Zukunft extrapolieren könne. Dafür nur ein Beispiel: Es gibt gute Gründe für die Annahme, daß sich unser Weltall gegenwärtig ausdehnt. Hieraus und aus einigen anderen Beobachtungen schließen viele Experten, daß es einstmals an einem einzigen Punkte mit einem sogenannten »Urknall« begonnen habe. Sicher ist das jedoch keineswegs. Es könnte auch ein Kurzschluß sein, so wie es ein Kurzschluß wäre, wenn jemand, der ein Kind beim Aufblasen eines Luftballons beobachtet, aus dieser gegenwärtigen Beobachtung schlösse, daß der Luftballon ursprünglich die Ausdehnung Null gehabt habe. Diese Bemerkung soll nicht in Abrede stellen, daß die Hypothese vom Urknall als Spekulation höchst beachtenswert und theoretisch gut begründet ist; mir persönlich ist sie durchaus sympathisch. Aber sie ist und bleibt Spekulation!

Eine solche Spekulation zeigt, wie stark die geschichtliche Komponente bei der Frage nach der Welt mitwirkt. Während Aristoteles einst die Frage nach der Welt und ihren mannigfaltigen Erscheinungen mehr oder weniger auf die gegenwärtig erfahrbare Welt reduziert hat, geht es der heutigen Forschung nicht zuletzt auch um die Frage der Entstehung und der weiteren Entwicklung der gegenwärtig vorfindbaren Welt. Dabei muß eine kritische Forschung jedoch die bereits erwähnte Tatsache mitbedenken, daß sich die »Geschichte« der kosmischen Entwicklung und die Evolution des

[217] Ilya Prigogine, Vom Sein zum Werden, München 1985, S. 261.
[218] Ebd. S. 223.
[219] Vgl. oben.

Lebendigen »zwar im nachhinein erklärend beschreiben, aber nicht als zwangsläufige Folge aus gegebenen Anfangsbedingungen ableiten läßt«.[220]

Das bedeutet jedoch zugleich, daß sowohl Extrapolationen gegenwärtiger Beobachtungen zur Klärung der Vergangenheit wie auch Prognosen für die Zukunft zwangsläufig mit einem Unsicherheitsfaktor behaftet sind. Grundsätzlich folgt daraus eine Abhängigkeit unseres Erkenntnishorizonts von unserem Erfahrungshorizont. Je weiter wir uns in unseren Erkenntnisbemühungen von der Gegenwart in die Vergangenheit oder in die Zukunft entfernen, desto wachsamer müssen wir uns davor hüten, unsere Spekulationen als gesicherte Erkenntnisse auszugeben. Sie gelten vielmehr immer nur unter der Voraussetzung, daß unsere gegenwärtigen Beobachtungen und Erkenntnisse zeitübergreifende Bedeutung haben. Das läßt sich jedoch niemals mit voller Sicherheit feststellen. Die heutigen gängigen Spekulationen haben zwar zum Teil gute Gründe für sich, müssen jedoch für Korrekturen stets offen sein.

Die Verunsicherung, die sich daraus ergibt, ist jedoch nicht die einzige und wohl auch nicht die gravierendste. Noch gravierender ist vielmehr die Einsicht, daß wir nicht wissen, was wir eigentlich mit unseren naturwissenschaftlichen Methoden tatsächlich erkennen. Die Zeit, in der man mehr oder weniger ideologisch sagen konnte, wir wenden uns nur den »Gegebenheiten«[221] zu, ist längst vorbei. So wissen wir nicht einmal, was eine scheinbar so selbstverständliche Gegebenheit wie die Materie ist. Sie erscheint jeweils so oder so, je nachdem mit welchen Methoden und in welchem Zusammenhang sie erforscht wird. Das bekannteste Beispiel dafür ist das Licht, das einmal als Korpuskel und ein anderes Mal als Welle erscheint und unter Umständen auch von einem in das andere übergeht. Dabei können wir auch nicht sagen, daß es in erster Linie das eine oder das andere sei, und wir kennen auch kein übergreifendes Modell, das beide Erscheinungsweisen in sich umfaßt.

Vergleichbares gilt jedoch für alle materiellen Erscheinungen. Bezeichnenderweise weicht die Materie gewissermaßen immer

[220] Vgl. oben.
[221] Vgl. hierzu VI,2.

zurück, wenn wir versuchen, ihre kleinsten Bestandteile zu erfassen. Zudem können die kleinsten Teile, die uns bekannt sind, im allgemeinen nur indirekt durch Reaktionen, die sie auslösen, erfaßt werden. Was sie selbst sind, wissen wir nicht.[222]

Insgesamt bedeutet das: Wir können die Gegebenheiten oder, vereinfacht gesagt, die Wirklichkeit schlechthin nicht erkennen, sondern stets nur ihre Erscheinungsweisen, die jedoch in starkem Maße von der Art und Weise abhängen, wie wir sie zu erfassen suchen. Das gilt für alle Bereiche der Wirklichkeit. Wir wissen weder, was Materie selbst eigentlich ist, noch was Leben ist, noch was Geist ist. Da jedoch sowohl Materie wie Leben wie auch Geist in je eigener Weise in Erscheinung treten, kann im Ernst niemand daran zweifeln, daß es sie wirklich gibt.

Trotz aller Schwierigkeiten macht die Forschung nach wie vor immer wieder Fortschritte. Die neuen Erkenntnisse konzentrieren sich jedoch - ebenso wie die bisherigen - auf die *Verhaltensweisen* von Materie, Leben und Geist. Dadurch können wir mit Hilfe entsprechender Manipulationen immer intensiver auf Verhaltensweisen, das heißt auf Vorgänge und Veränderungen, Einfluß nehmen. Was Materie, Leben und Geist sind, wissen wir jedoch weiterhin nicht. Daher haben wir auch keine hilfreichen Maßstäbe, aus denen sich ergibt, ob bzw. wie weit unsere Eingriffe gerechtfertigt und angemessen sind. Das bedeutet: Die Unkenntnis, die wir in der Wesensfrage, das heißt der metaphysischen Frage, haben, wirkt in eigener Weise zurück; sie äußert sich in Unsicherheit in unserem technischen Verhalten bzw. unserem Umgang mit den Erscheinungen der vorgegebenen Welt.

Diese Unsicherheit ist naturgemäß jeweils um so größer, je wertvoller und empfindlicher die »Objekte« sind, mit denen wir umgehen. Wie die Diskussionen über den Umweltschutz und insbesondere über den Umgang mit der Pflanzen- und Tierwelt zeigen, stehen wir hier vor zum Teil vielschichtigen und kaum lösbaren Pro-

[222] Schon vor einigen Jahren formulierte ein nachdenklicher Zeitgenosse, ihm scheine es immer deutlicher, daß Materie letzten Endes nur geordnetes Nichts sei. Eine solche Formulierung regt zu einer weiteren Spekulation an: Nach der im Alten Testament verankerten Überzeugung hat Gott am Anfang Himmel und Erde »aus dem Nichts« geschaffen.

blemen. Bezeichnenderweise sind auch Menschen, die sich für die Erhaltung der Natur engagieren, in vielen konkreten Fragen durchaus nicht der gleichen Meinung.

Auch in der von Menschen unbeeinflußten Natur herrscht ja ein steter Kampf ums Überleben, der in vielen Fällen zum Untergang der einen oder anderen Art und zum Aufstieg anderer Arten führt. So können die Eingriffe des Menschen in das »natürliche« Geschehen immer auch als Eingriffe zu Gunsten bestimmter und zur Benachteiligung anderer Arten betrachtet werden. Wie ambivalent derartige Eingriffe zum Teil sind, spiegelt sich in der scherzhaften Parole eines Umweltschützers wider: »Selbstverständlich muß man die Raupen bekämpfen, aber die Schmetterlinge sollte man am Leben lassen!«

Wie auch aus einem solchen »Vorschlag« hervorgeht, ist die Frage nach dem Umweltschutz und dem Verhältnis zur Tier- und Pflanzenwelt keine Frage, die sich jeweils alternativ stellt. Konkret geht es zumeist um Prioritäten, über die man jeweils streiten kann. Das zeigt sich nicht zuletzt auch im politischen Raum, wo gegensätzliche Auffassungen über geplante Gesetze zuweilen von beiden Seiten mit »Umweltargumenten« verfochten werden. Dazu kommen weitere Prioritätskonflikte, bei denen es darum geht, ob Umweltgesichtspunkte, wie etwa die Erhaltung von Wald- oder Heidelandschaften, oder Forderungen nach menschlichen Entfaltungsmöglichkeiten, wie etwa verkehrspolitische Erschließungen oder Beschaffung von Arbeitsplätzen, Priorität haben sollen.

2. Die ethische Orientierungsschwierigkeit in Staat und Gesellschaft

Die Orientierungsunsicherheit ist naturgemäß dort am stärksten, wo es unmittelbar um den Menschen selbst geht. In früheren Zeiten anerkannte Traditionen werden kaum noch als verbindlich betrachtet.[223] Die Gestaltung von Staat und Gesellschaft ist weithin der

[223] In diesem Zusammenhang sei auch nochmals auf den rein formalen Charakter von Kants kategorischem Imperativ hingewiesen.

jeweiligen Generation überlassen. Der Verfügungsanspruch macht auch vor den Menschen nicht halt. Das gilt nahezu uneingeschränkt für den ungeborenen Menschen, dessen Weiterleben und Tötung nach der derzeit geltenden Gesetzgebung nahezu ausschließlich in der Entscheidungsbefugnis der Mutter liegt, wobei im Falle einer drohenden Behinderung des Kindes die Tötung noch bis unmittelbar vor der Geburt straffrei bleibt. Die Forderung nach negativer Verfügung richtet sich zunehmend auch auf unheilbar Kranke und Pflegebedürftige, deren Weiterleben nach der Auffassung vieler weder ihnen selbst noch ihren Angehörigen »zugemutet« werden kann. Daher wird der Ruf nach »Euthanasie« bzw. »aktiver Sterbehilfe« von Einzelnen, aber auch von vermeintlich menschenfreundlichen Organisationen immer lauter.

In dieser Lage bieten die »Menschenrechte«, die von der Vollversammlung der Vereinten Nationen im Jahre 1948 ohne Gegenstimmen verabschiedet wurden, ein letztes nahezu allgemein anerkanntes Bollwerk zum Schutz des Menschen und seiner Würde. Ihre Formulierung erfolgte nach den furchtbaren Erfahrungen des Dritten Reiches weitgehend unter amerikanischem und europäischem Einfluß. Ihre Prinzipien sind daher zu einem großen Teil von christlichen Grundvorstellungen geprägt.

Faktisch wird ihre Anerkennung allerdings durch mannigfaltige Interpretationen geschmälert. Das ist um so leichter möglich, da sie nicht als verbindliche Normen, sondern als ein »Ideal« und »Programm« verabschiedet wurden.[224] Auf diese Weise bilden sie zwar eine wichtige Orientierungshilfe in der Unsicherheit ethischer Entscheidungsgrundsätze, jedoch keine eindeutige und unausweichliche Weisung.

Ein grundsätzliches Dilemma ist geradezu vorprogrammiert, da nicht eindeutig klar ist, worauf ihre Verbindlichkeit beruht. Es wird zwar vorausgesetzt, daß die formulierten Menschenrechte »objektiv« bestehen. Sie wurden daher nicht »beschlossen«. Die Menschenrechtsdeklaration versteht sich vielmehr als ein »Bekenntnis« zu schon eh und je vorgegebenen Rechten. Trotzdem bleibt die kritische Frage bestehen, ob die gleiche Institution, die über dieses Be-

[224] Vgl. Präambel.

kenntnis abgestimmt hat, auch in Anspruch nehmen kann, es gegebenenfalls zu ändern oder weite Teile zu streichen.

Immerhin hat die islamische Konferenz in Kairo am 5. April 1990 eine »Erklärung der Menschenrechte« verabschiedet, deren Artikel 24 lautet: »Alle Rechte und Freiheiten, die in dieser Erklärung genannt werden, unterstehen der islamischen Scharia.« Der folgende Artikel 25 läßt keinen Zweifel, was das bedeutet: »Die islamische Scharia ist die einzige zuständige Quelle für die Auslegung oder Erklärung jedes einzelnen Artikels dieser Erklärung.«[225] Diese Haltung ist aus der Sicht strenger Islamisten verständlich, denn sie sehen in jeder Abweichung von den Weisungen des Koran eine Mißachtung von Allahs Anordnungen. Es kann daher keine dem Koran übergeordneten Menschenrechte geben, sonst würde sich der Mensch mit seinen menschlichen Rechtsvorstellungen frevelhaft über die Weisungen Allahs stellen.

In den letzten Jahren wurde auch von einigen chinesischen Politikern eine ausdrückliche Absage an eine uneingeschränkte Anerkennung der Menschenrechte ausgesprochen. Die Forderung nach rückhaltloser Anerkennung dieser Rechte wurde als eine amerikanische und europäische Einmischung in die inneren Angelegenheiten Chinas bezeichnet, das über seine Interpretation und seine Art der Anwendung der Menschenrechte selbst zu entscheiden habe.

Im Hintergrund derartiger Auseinandersetzungen steht eine Frage, die vor einiger Zeit als Streitfrage zwischen dem damaligen Bundeskanzler Helmut Schmidt und dem damaligen Oppositionsführer Helmut Kohl bei einer Tagung der Katholischen Akademie in Hamburg diskutiert worden ist. Anlaß war die Frage der künftigen Gestaltung des § 218 StGB. Hierbei erklärte Helmut Schmidt, die Rechtsordnung eines demokratisch verfaßten Staates müsse »sich grundsätzlich an dem tatsächlich in den Menschen vorhandenen Ethos orientieren« und »einen Wandel des tatsächlich vorhandenen Ethos berücksichtigen«.[226] Diese Auffassung bezog er aus-

[225] Vgl. zum Gesamtzusammenhang, Katholische Bildung 1/96, S. 9.

[226] Günter Gorschenek, Grundwerte in Staat und Gesellschaft, München 1978, S. 28.

drücklich auch auf die Festlegungen des Grundgesetzes, wobei er erklärte: »Im demokratischen Staat, im Prozeß der demokratischen Willensbildung, der auf Mehrheitsentscheidungen angewiesen ist, muß Rechtsetzung immer auf vorhandenes Ethos gestützt sein. Der Staat des Grundgesetzes kann als Staat nicht Träger eines eigenen Ethos sein – das will und das soll er auch nicht sein, das will das Grundgesetz nicht. Nur das, was in der Gesellschaft an ethischen Grundhaltungen tatsächlich vorhanden ist, kann in den Rechtsprechungsprozeß eingehen, kann als Recht ausgeformt werden.«[227] Er betonte sodann im Hinblick auf die Frage der Abtreibung, dies gelte »auch für neu sich bildende sittliche Grundhaltungen«, und formulierte in aller Deutlichkeit: »Wenn bestimmte ethische Auffassungen in der Gesellschaft nicht mehr vorhanden sind, dann verliert das Recht seine demokratische Legitimation.«[228]

Diese Feststellung Helmut Schmidts zum Verhältnis von Recht und demokratischer Legitimation war nicht kontrovers. Helmut Kohl vertrat jedoch den Standpunkt, daß das Recht, sofern es sich um Grund- und Menschenrechte handelt, der demokratischen Legitimation nicht bedarf. Er stellte die Frage nach einer höchsten objektiven Norm, an der sich auch die Gesetzgebung zu orientieren habe bzw. die auch von der Allgemeinheit respektiert werden müsse. Er betonte, diesen Orientierungsrahmen formuliere das Grundgesetz, es binde »den Staat an oberste Grundwerte des menschlichen Zusammenlebens«.[229] Zur Verdeutlichung fügte er hinzu, das Grundgesetz sei »skeptisch, auch gegen mögliche Ansprüche und Zumutungen demokratisch legitimierter Mehrheiten«.[230]

Für ethische Grundentscheidungen im politischen Raum sind also nach der Auffassung Helmut Schmidts letztlich »freie« Konsensbildungsprozesse und Mehrheitsbeschlüsse maßgeblich. Für Helmut Kohl dagegen gibt es durch das Grundgesetz garantierte Normen, die vorgegeben sind und in jedem Fall respektiert werden müssen. Rein theoretisch lassen sich beide Positionen mit je eigener

[227] Ebd. S. 22.
[228] Ebd.
[229] Ebd. S. 53.
[230] Ebd. S. 54.

Begründung rechtfertigen.[231] Die geschichtliche Erfahrung zeigt jedoch von den frühesten Zeiten der Geschichte bis in die Gegenwart, daß Mehrheiten zuweilen Beschlüsse gefaßt bzw. gebilligt haben, die von brutaler Grausamkeit und tiefer Verachtung der Menschenwürde geprägt waren. Insofern bestätigt die geschichtliche Erfahrung die Skepsis des Grundgesetzes, »auch gegen mögliche Ansprüche und Zumutungen demokratisch legitimierter Mehrheiten«.[232]

3. Die Absurditätsfalle des »Methodischen Atheismus«

Wie aus den bisherigen Überlegungen hervorgeht, sind Gesamtdeutungen der Wirklichkeit unter wissenschaftstheoretischen Kriterien nur als Hypothesen möglich. Dennoch gibt es in erstaunlich großer Zahl Veröffentlichungen von Wissenschaftlern, die den Anschein erwecken, als seien ihre Darlegungen über die Entstehung des Kosmos, die Entfaltung des Lebendigen und die »Menschwerdung des Menschen« zumindest relativ sichere Darlegungen, die jeweils durch mathematische, physikalische und chemische Extrapolationen untermauert und damit »gesichert« seien. Daß es sich dabei tatsächlich nur um ungesicherte Spekulationen handelt, ergibt sich vor allem aus der bereits dargelegten Tatsache, daß wir unseren Erkenntnishorizont nicht beliebig über unseren Erfahrungshorizont hinaus erweitern können.

Beachtenswert an diesen spekulativen Gesamtdeutungen sind jedoch zwei Tatsachen, die unterschwellig miteinander zusammenhängen:

1. Bei diesen Spekulationen wird die biblische Offenbarung Gottes im allgemeinen kaum erwähnt. Zumindest wird sie nicht ernsthaft in die Hypothesenbildung einbezogen.

[231] Vgl. hierzu Hugo Staudinger / Richard Krenzer, Ethik der Wissenschaft und der Technologie, BzD 5.1, Paderborn und Wuppertal 1989.

[232] Vgl. oben.

2. Alle diese Spekulationen enden in der »Einsicht«, daß die gesamte Wirklichkeit im Rahmen bestimmter Gesetzmäßigkeiten durch glückliche Zufälle zustande gekommen sei und eines Tages ebenso sinnlos enden werde. Das menschliche Dasein sei absurd.

Die erste dieser beiden Tatsachen ist verständlich aus der Forderung eines »Methodischen Atheismus« bei allen wissenschaftlchen Forschungen und Erkenntnisversuchen. Die Forderung nach Methodischem Atheismus wird in den Wissenschaften nahezu allgemein anerkannt. Sie bedeutet, daß jede wissenschaftliche Argumentation - unbeschadet der persönlichen Überzeugung des Wissenschaftlers - auf eine Einbeziehung Gottes in die Überlegungen zu verzichten habe.[233] Letzten Endes wurzelt der Methodische Atheismus im Weltbild der klassischen Naturwissenschaften. In ihnen erscheint Gott, sofern man ihn überhaupt einbezieht, »als Schöpfer im Sinne eines Weltmechanikers, der die ›große Weltmaschine‹ samt ihren einzelnen Teilen konstruiert hat. Einmal in Gang gesetzt, bedarf sie dank der Vollkommenheit ihres Konstrukteurs keiner Wartung und keiner Reparaturen. Nach den in ihr wirkenden Gesetzen rollt sie reibungslos ab«.[234]

Diese Auffassung hatte zur Konsequenz, daß die Welt grundsätzlich ohne Gott erforscht werden konnte, so wie jede Maschine auch ohne Kenntnis ihres Konstrukteurs erforscht und verstanden werden kann. Ebenso wie bei deren Erforschung Bekannte des Konstrukteurs zu keinen anderen Ergebnissen kommen wie Fremde, müßten bei »sachgemäßer« Erforschung der Welt und ihrer Erscheinungen Deisten und Atheisten in ihren Ergebnissen übereinstimmen.

Diese Auffassung wurde dadurch bestärkt, daß Angehörige verschiedenster Weltauffassungen und Religionen bei der Erforschung von Naturgesetzen und ihrer Anwendung völlig übereinstimmten, so daß es hierin eine internationale Gemeinschaft wissenschaftlicher Experten gab. Man war sich dessen kaum bewußt,

[233] Vgl. Hugo Staudinger / Wolfgang Behler, Chancen und Risiko der Gegenwart, Paderborn ^{2}1976, S. 268ff.
[234] Vgl. Kapitel IV,1.

daß diese Übereinstimmung nur für die Erfassung der Erscheinungen und ihres Verhaltens, jedoch keineswegs für die metaphysische Deutung ihres Wesens gilt. Wie bereits in anderem Zusammenhang dargelegt wurde, kann jedoch ein angemessener Umgang mit der Wirklichkeit nicht allein aus den Erscheinungen und ihren unmanipulierten oder manipulierten Verhaltensweisen abgeleitet werden.

Mit dieser Feststellung kündigt sich ein Kernproblem des Methodischen Atheismus an: Für den Umgang mit der Wirklichkeit und ihren einzelnen Erscheinungen ist es ein Unterschied, ob ich in ihnen »Gaben Gottes« sehe oder sie als Zufallsprodukte der sich in der Evolution entfaltenden Materie betrachte. Und es ist insbesondere ein Unterschied, ob ich den Menschen als eine Sonderform der Primaten ansehe oder ob ich der Überzeugung bin, daß er infolge eines Anrufs des Dreipersonalen Gottes Person ist, der eine besondere Würde zukommt.

Diese Hinweise zeigen bereits, daß eine Weltauffassung, die den Methodischen Atheismus zur Basis hat, sich einer angemessenen Deutung der Wirklichkeit eher widersetzt als ihr zu dienen. Es bleibt nichts in sich Wertvolles bestehen. In diesem Sinne schreibt Jacques Monod durchaus zu Recht, »daß die Wissenschaft die Wertvorstellungen antastet«.[235] Er versichert aus seiner Sicht, wenn der Mensch die Botschaft der Wissenschaft in ihrer vollen Bedeutung aufnimmt, »dann muß der Mensch endlich aus seinem tausendjährigen Traum erwachen und seine totale Verlassenheit, seine radikale Fremdheit erkennen. Er weiß nun, daß er seinen Platz wie ein Zigeuner am Rande des Universums hat, das für seine Musik taub ist und gleichgültig gegen seine Hoffnungen, Leiden oder Verbrechen.«[236]

Wie die einschlägigen Veröffentlichungen zeigen, ist Monod mit dieser Auffassung jedoch nur ein besonders konsequenter Repräsentant jener zahlreichen Wissenschaftler, die unter der Voraussetzung des Methodischen Atheismus eine Gesamtdeutung der Welt versuchen. Wie in eine Falle geraten sie samt und sonders in durchweg negative Feststellungen: Die Welt samt dem Menschen wird in

[235] Jacques Monod, Zufall und Notwendigkeit, dtv. 1069, S. 150.
[236] Ebd. S. 151.

ihren Spekulationen mehr oder weniger zwangsläufig zu einem absurden Gebilde, das weder Sinn noch eine über es selbst hinausweisende Bedeutung hat.

Hieraus wird die Position eines Mannes wie J.-P. Sartre verständlich. Er registriert zunächst das Glücksverlangen des Menschen, stellt jedoch klar, daß es letzten Endes keine Erfüllung findet, daß eine Erfüllung jedoch immer wieder möglich erscheint. So wird der Mensch immer wieder auf sich selbst zurückgeworfen und zutiefst in Frage gestellt, so daß er nur selbst etwas aus sich machen kann: »Wenn der Mensch, so wie ihn der Existentialist begreift, nicht definierbar ist, so darum, weil er anfangs überhaupt nichts ist. Er wird erst in der weiteren Folge sein, und er wird so sein, wie er sich geschaffen haben wird. Also gibt es keine menschliche Natur, da es keinen Gott gibt, um sie zu entwerfen . . . Der Mensch ist nichts anderes, als wozu er sich macht.«[237] Diese Sätze zeigen, daß letzten Endes auch Sartre der Absurditätsfalle nicht entgehen kann. Nach allen Erfahrungen jedoch wollen die meisten Menschen nicht absurd leben. Das gilt eh und je. Gewiß kann man darüber streiten, in welchen Fällen man in früheren Zeiten zuweilen allzu vorschnelle Deutungen vorgenommen hat wie etwa bei einem Lied, das in einigen Gegenden Deutschlands bei der Feldprozession gesungen wurde:

> »Wenn die Mäuse sich vermehren
> und die ganze Frucht verzehren,
> so geschieht's nach Deinem Rat
> wegen unserer Missetat.«[238]

Aber auch ein solches Lied zeigt die allgemeine Grundüberzeugung, daß alles, was geschieht, letzten Endes irgendeinen Sinn haben müsse. Diese Überzeugung besteht unabhängig davon, ob die konkret gegebene Deutung zutreffend ist oder nicht.

[237] J.P. Sartre, Ist der Existentialismus ein Humanismus? In: Drei Essays, Frankfurt/M. 1980, S. 11.

[238] Zitiert von Johannes Schlüter bei einem Symposion des Deutschen Instituts für Bildung und Wissen. Vgl. BzD 3, Martin Petzold (Hrsg.), Die Zukunft der Metaphysik, Symposion des Instituts für Wissenschaftstheoretische Grundlagenforschung vom 31. Mai bis 3. Juni 1984 in Paderborn, S. 173.

Im Widerspruch zu dieser Überzeugung endet der Methodische Atheismus, sofern er konsequent durchgehalten wird, mit Notwendigkeit in der gekennzeichneten »Absurditätsfalle«. Verwunderlich ist das jedoch für den allseits kritisch Nachdenkenden nicht. In den uns zugänglichen Wirklichkeitsbereichen können wir feststellen, daß es keineswegs überall Absurdität, sondern zumindest in vielen Fällen »Sinn« gibt. Dieser Sinn wird allerdings jeweils nur erkennbar, wenn wir die Gegebenheiten in dem Zusammenhang betrachten, in dem sie stehen. Wenn wir sie dagegen aus diesem Zusammenhang isolieren, wird der Sinn schlechthin unerkennbar.

Weder der Sinn eines Spinnennetzes noch der der Farbigkeit oder des Duftes einer Blüte lassen sich erkennen, wenn man sie völlig isoliert betrachtet. Angesichts dieser Erfahrungen stellt sich die Frage, ob sich die Absurditätsfalle des Methodischen Atheismus zwangsläufig dadurch ergibt, daß die Welt insgesamt und insbesondere auch der Mensch tatsächlich in einer Relation stehen, ohne deren Kenntnisnahme ihr Sinn schlechthin nicht gesehen, ja nicht einmal spekulativ erschlossen werden kann.

Wie schon die bisherigen Darlegungen zeigen, waren die Wirkungen der Absurditätsfalle des Methodischen Atheismus mannigfaltig, zum Teil direkt entgegengesetzt. Einerseits wurde durch den »Wegfall« Gottes der Mensch zum höchsten Wesen; dadurch konnte allein er über sich selbst und die Welt verfügen. Sein Glück wurde damit zum Maßstab für sein Handeln. Dabei konnte sich das Glücksstreben entweder individualistisch auf den einzelnen richten oder auch kollektiv durch eine entsprechende Organisation der Gemeinschaft angestrebt werden. Wenn positives Glück nicht erreichbar war, so sollte doch wenigstens das Leid in jeder Hinsicht bekämpft und ausgeschaltet werden, notfalls auch durch Beseitigung der Leidenden.[239]

Eine andere Möglichkeit, der Absurdität des Daseins zu entrinnen, bot sich in einer mehr oder weniger irrationalen Entscheidung für einen religiösen Fundamentalismus, der sich am Rande nahezu aller Weltreligionen anbot. Dazu kam als weitere Möglichkeit eine

[239] Vgl. oben zur Forderung nach »Euthanasie«. Siehe dazu auch Rudolf Degkwitz, Ethische Probleme in der Medizin, BzD 5.3, Paderborn 1989.

Daseinsinterpretation, die in verschiedenen Varianten von der sogenannten New-Age-Bewegung entwickelt wurde.[240] Gelöst wurde durch diese verschiedenen Möglichkeiten das Kernproblem jedoch nicht: Die metaphysische Frage nach Gott, Mensch und Welt, die eine existentielle, jedoch zugleich rational begründbare und verantwortbare Antwort erfordert, blieb letzten Endes ungelöst.

4. Die Katastrophenanfälligkeit der Gegenwart

Das Fehlen einer überzeugenden Antwort auf die metaphysische Frage und einer damit verbundenen ethischen Orientierung wirkt sich um so bedrohlicher aus, da die Macht des Menschen durch die Fortschritte der wissenschaftlich-technischen Weltdeutung und Weltbeherrschung ins nahezu Unermeßliche gestiegen ist. Erst in unserem Jahrhundert hat der Mensch die Macht und Möglichkeit gewonnen, sich selbst radikal zu vernichten und die Erde unbewohnbar zu machen.

Selbstverständlich kann man mit Recht darauf hinweisen, daß die Gefahr einer globalen Konfrontation durch die Entschärfung des Ost-West-Gegensatzes bzw. durch die Umgestaltungen im ehemaligen sowjetrussischen Einflußbereich geringer geworden ist. Die Gefahr einer furchtbaren Katastrophe ist jedoch damit nicht behoben. Im Gegenteil: Während sich in früheren Zeiten atomare Vernichtungswaffen unter der mehr oder weniger wirksamen Kontrolle zweier Supermächte befanden, sind inzwischen Atomwaffen auch im schwer kontrollierbaren Besitz zweit- und drittrangiger Staaten, deren politische Stabilität keineswegs als gesichert betrachtet werden kann. Niemand kann garantieren, daß nicht eines Tages von einem politischen Hasardeur eine weltweite Katastrophe ausgelöst wird.

Dazu kommt, daß auch die »friedliche Nutzung« der Atomkraft bislang nicht ohne unerwünschte, kaum kontrollierbare Neben-

[240] Vgl. hierzu: Hugo Staudinger, Die Proklamierung der Wendezeit als Herausforderung an das westliche Denken, ibw-journal 1/1989, S. 3–16.

wirkungen möglich ist. Das Problem des atomaren Abfalls ist trotz mannigfaltiger Ansätze bis heute ungelöst. Selbst Optimisten rechnen allenfalls mit mehr oder weniger sicheren »Endlagern«, die bei kritischer Betrachtung keineswegs eine endgültige Beseitigung der Gefahr darstellen.

Dazu kommen noch weitere globale Risiken wie die fortschreitende Vernichtung der Ozonschicht und die Beeinträchtigung des Klimas sowie der Abbau der Vereisung und dergleichen mehr. Aber auch die möglichen Katastrophen »normaler« Art werden weithin unterschätzt. Als Beispiel sei nur auf die Ölkatastrophen durch auslaufende Tanker hingewiesen. Es stellt sich hier die Frage, ob die Größe als solche nicht schon eine Gefahr ist, gegen die angegangen werden müßte. Riesentanker sind gewiß unter rein wirtschaftlichen Gesichtspunkten in mancher Hinsicht rentabler als kleinere Schiffe. Notwendig sind sie jedoch keineswegs.

Vergleichbares gilt für das gesamte Verkehrswesen. Hier erhebt sich auch abgesehen von der Größe die weitere Frage, ob – zumindest beim Verkehr auf Schiene und Straße – im Interesse einer Risikoverminderung auf immer höhere Geschwindigkeiten verzichtet werden sollte.

Vergleichbares gilt für die Gestaltung der industriellen und landwirtschaftlichen Produktion. Es muß ernsthaft die Frage gestellt werden, ob es auch hier kritische Punkte gibt, auf deren Überschreiten man um der damit verbundenen Gefahren willen von vornherein verzichten sollte. Selbstverständlich kostet dieser Verzicht auch einen Preis. Das bedeutet in manchen Fällen ein Weniger an Bequemlichkeit und materieller »Lebensqualität«. Es sollte jedoch bewußt die Frage gestellt werden, ob und wann ein solcher risikomindernder Verzicht sinnvoll ist.

Diese Frage stellt sich um so dringender, da nach bisherigen Erfahrungen mit einer ungehemmten Nutzung aller materiellen Möglichkeiten keineswegs in jedem Falle ein »glücklicheres« Leben für die Menschen gewährleistet wird. Es sollte nachdenklich stimmen und hellhörig machen, daß gerade in den fortgeschrittensten und reichsten Ländern die Selbstmordziffern und die Zahl derer, die sich in psychische Behandlung begeben müssen, ständig steigen.

5. Selbstbesinnung als Chance personaler Orientierung

In der vielfältig kritischen Lage der Gegenwart gibt es keine Patentrezepte zur Lösung der Probleme. Sofern solche demagogisch angeboten werden, ist eher zu warnen. Notwendig jedoch ist eine allseitig kritische und offene Besinnung.

Wie dargelegt wurde, bilden im Augenblick die Menschenrechte als »Ideal« und »Programm« das weltweit wirksamste Bollwerk gegen ein weiteres Vordringen unmenschlicher Ansprüche. Allerdings stellt sich angesichts alternativer Interpretationsversuche[241] nunmehr die Frage, ob bzw. inwieweit sie ihre Aufgabe wirksam erfüllen können, wenn sie völlig von der Basis gelöst werden, auf der sie entstanden sind: den christlichen Grundüberzeugungen über Wesen und Würde des Menschen.

Stellt man diese Frage, so erhebt sich zwangsläufig eine weitere, noch grundlegendere: Können die christlichen Grundüberzeugungen insgesamt heute noch als glaubwürdig bezeichnet werden? Bis in die Kirchen hinein herrscht hierüber - offen eingestanden oder auch unterschwellig verschlüsselt - eine tiefe Unsicherheit. Der Apostel Paulus hatte einst in seinem Brief an die Gemeinde in Korinth die klare Feststellung getroffen: »Ist aber Christus nicht auferstanden, so ist nichtig unsere Predigt und nichtig euer Glaube.«[242] Dieses Wort gilt auch heute, doch leider muß festgestellt werden: Im Zeichen der sogenannten Entmythologisierungstheologie legt die evangelische Kirche kaum noch ein klares Bekenntnis zur Auferstehung Jesu Christi ab, und auch in der katholischen Kirche zeigen sich, wie nicht nur der »Fall« Drewermann beweist, Zeichen der Unsicherheit und fauler Kompromisse. Da an anderer Stelle auf diese Fragen intensiv eingegangen worden ist[243], genügt es, auf diese Situation hinzuweisen.

Nur wo die Offenbarung noch oder wieder ernst genommen

241 Vgl. Kapitel VII,2.
242 1. Kor. 15,14.
243 Vgl. hierzu insbesondere: Hugo Staudinger, Die historische Glaubwürdigkeit der Evangelien, [7]Wuppertal 1995, sowie Hugo Staudinger, Gotteswort und Menschenwort - Kritische Überlieferungen angesichts der Wege und Irrwege moderner Exegese, Paderborn 1993.

wird, bietet sie ein festes Bollwerk gegen die Verachtung der menschlichen Person und ihrer Würde und gibt der Forderung nach Respektierung der Menschenrechte eine kaum überbietbare Kraft. Darüber hinaus gibt der Glaube an Gott als den Schöpfer auch Impulse für den Umgang mit der Tier- und Pflanzenwelt sowie für die Behandlung der übrigen »Natur«.

Diese Impulse treffen sich mit Forderungen von Menschen und Institutionen, die sich für die Erhaltung der Umwelt engagieren. Eine absolute Willkür bzw. eine hemmungslose Ausbeutung auf diesem Gebiet schlägt nach allen Erfahrungen über kurz oder lang auf den Menschen zurück. Einerseits stellen sich als sogenannte »Nebenwirkungen« bedenkliche Schäden ein, andererseits werden Methoden, die zur Manipulierung der übrigen Lebenswelt entwickelt wurden, bedenkenlos oder zumindest »trotz einiger Bedenken« auf den Menschen übertragen. Als Beispiel sei auf die verschiedenartigen Manipulationen im Laufe der vorgeburtlichen Entwicklung des Menschen verwiesen.[244]

Im Gegensatz zu den Impulsen, die von der Offenbarung ausgehen, gibt es in der Gegenwart auch höchst gegenteilige Auffassungen darüber, was für den Menschen selbst angemessen ist und wie weit er über die verschiedensten Erscheinungen der Wirklichkeit frei verfügen darf. Diese Alternativen wurzeln letzten Endes darin, daß viele heutige Menschen die Welt nicht als Schöpfung Gottes, sondern als ein mehr oder weniger zufällig zustande gekommenes Produkt einer sich selbst entwickelnden Materie betrachten und damit einer Weltdeutung zuneigen, wie sie in ideologischer Form der dialektische und historische Materialismus geboten hat und noch bietet.

Zum besseren Verständnis der Gesamtsituation sei zunächst von einigen Feststellungen über die uns vorliegende Wirklichkeit ausgegangen: In der uns wahrnehmbaren Wirklichkeit können wir drei Bereiche unterscheiden: (1) Den Bereich der unbelebten Materie mit ihren verschiedensten Gebilden von den kleinsten Teilchen bis

[244] In diesem Zusammenhang sei auf die unverantwortliche Forderung der Deutschen Forschungsgemeinschaft verwiesen, die »Freiheit der Forschung« auch auf dem Gebiete der Embryonenforschung zu gewährleisten.

zu den Milchstraßensystemen, (2) den Bereich des Lebendigen von den Einzellern bis zu den vielfältigen Ökosystemen und schließlich (3) den Bereich des Personalen in seinen mannigfaltigen regionalen und geschichtlichen Ausprägungen.

Soweit empirisch festgestellt werden kann, sind diese drei Bereiche in einer zweifachen Weise einander zugeordnet:

1. Die jeweils »höher entwickelten« Gebilde haben die jeweils niedrigeren zur Basis. Der Bereich des Lebendigen setzt eine relativ hohe Entfaltung des materiellen Bereichs voraus, und der personale Bereich ist nicht denkbar ohne eine schon weite Entfaltung des lebendigen. In diesem Sinne kann die Materie als die notwendige Basis aller Bereiche betrachtet werden.
2. Die gekennzeichnete Feststellung über die niedrigeren Bereiche als Basis für die höheren ist jedoch nicht die einzig wichtige. Vielmehr können wir noch eine weitere Bezogenheit der Bereiche zueinander beobachten: Die jeweils höheren Bereiche nehmen die niedrigeren in ihren Dienst und gestalten sie dabei in einer Weise um, die von den niedrigeren Bereichen her nicht erklärt werden kann.

So wird z.B. im Bereich der Organismen die Materie samt ihren Eigenarten in eine höhere Daseinsweise aufgenommen, die ihr selbst eine neue Qualität verleiht.[245] Dabei ist beachtenswert, daß in den Organismen nichts geschieht, was physikalisch oder chemisch als undenkbar bezeichnet werden müßte. Dennoch ist das Lebendige allein durch Physik und Chemie nicht erklärbar. So ist z.B. der Aufbau einer Pflanze aus den Stoffen des Bodens, des Wassers und der Luft mit Hilfe der Energie des Lichtes zwar physikalisch-chemisch beschreibbar, jedoch ein Gesamtvorgang, dessen Zustandekommen von dieser Ebene her nicht zulänglich erklärt werden kann.

Insgesamt zeigen sich im Bereich des Lebendigen erstaunliche Koordinationen. Sie bewirken eine radikale Umkehr der den gesamten materiellen Bereich prägenden Grundtendenz von Verän-

[245] Bezeichnenderweise hat man lange Zeit zwischen organischer und anorganischer Chemie unterschieden und war nicht in der Lage, »organische Stoffe« synthetisch herzustellen. Noch heute ist die künstliche Eiweißsynthese ein technisch schwieriges Problem.

derungen. Die Richtungstendenz der chemischen Prozesse im Bereich der unbelebten Materie zielt jeweils auf einen Ausgleich von Spannungen ab. Man kann auch formulieren: Diese Richtungstendenz geht vom Komplizierteren zum Einfacheren bzw. vom Unwahrscheinlicheren zum Wahrscheinlicheren. In vollem Gegensatz dazu zielt die Richtungstendenz im organischen Bereich vom Wahrscheinlichen zum Unwahrscheinlichen hin.

In der Alltagserfahrung tritt dieser Unterschied am deutlichsten in Erscheinung, wenn eine Pflanze eingeht oder ein Tier stirbt. Vor dem Tode dienen die zu Recht als *bio*chemisch bezeichneten Prozesse dem Aufbau und der Erhaltung eines unter rein chemischen Gesichtspunkten völlig unwahrscheinlichen Zustandes, den man auch als Fließgleichgewicht bezeichnet. Zu dessen Sicherung bedarf es umfassender Koordinationen. Mit dem Tode bricht diese Koordination zusammen. Es tritt eine Umkehr des Prozeßablaufs ein, die sich im Zerfall äußert und damit endet, daß sich die Einheit des Pflanzen- bzw. Tierkörpers auflöst und die hoch komplizierten Moleküle in ihre Bestandteile zerfallen.

Mit dem Tode münden also die chemischen Prozesse wieder in die Richtung ein, die den anorganischen Bereich kennzeichnet: Zerfall bzw. Ausgleich von Spannungen und Gegensätzen, das heißt in eine Richtung, die man mit dem Begriff der Entropie beschreiben kann. Es besteht also eine grundlegende Differenz zwischen dem Bereich der unbelebten Materie und dem Bereich des Lebendigen.

Trotz dieser Differenz ist angesichts der Gesamtbefunde unserer Forschungen der Gedanke einer übergreifenden »Höherentwicklung« naheliegend. Dabei betrachten manche naturwissenschaftlichen Denker den höheren Bereich als den nur »komplizierteren Fall« des niedrigeren.[246] Andere gestehen qualitative Unterschiede zu. So versichert z.B. der Dialektische Materialismus, daß an bestimmten kritischen Punkten quantitative Veränderungen in qualitative umschlagen. Damit distanziert er sich von dem primitiven Gedanken, das Lebendige nur als eine komplizierte Form des Materiellen zu betrachten.

[246] Vgl. oben.

Wie zwischen der unbelebten Materie und dem Lebendigen, so besteht auch zwischen dem Bereich des Lebendigen und dem des Personalen ein unübersehbarer qualitativer Unterschied. Auch hier geht es um eine Indienstnahme des niedrigeren Bereichs durch den höheren. Die dem biologischen Leben dienenden Vorgänge werden nunmehr in den Dienst personaler Entfaltung und Gestaltung gestellt. Sogar so eindeutig biologische Tätigkeiten wie Essen und Trinken sind jeweils durch kulturspezifische Ausgestaltungen geprägt. Soweit unsere Forschung reicht, können wir feststellen, daß Essen und Trinken mit bestimmten Sitten und Gebräuchen verbunden sind. Schon die Zubereitung der Speisen und Getränke erfolgt in einer Weise, die von der biologischen Ebene her schlechthin unnötig ist und nicht erklärt werden kann.

Zudem ist das Mahl in den verschiedensten Kulturen eine Institution, die in mannigfaltigen Gebräuchen Gemeinschaft stiftet. Darüber hinaus wird es jeweils mit spezifischen kultischen Komponenten verbunden. Es ist also zugleich eine Aktualisierung der Verbundenheit mit den in der jeweiligen Kultur verehrten Gottheiten. Bezeichnenderweise sprechen wir in der Umgangssprache von »Fressen« und »Saufen«, wenn sich Menschen allein vom biologischen Impuls getrieben auf Nahrung stürzen.

Eine analoge kulturspezifische Gestaltung gilt auch für sexuelle Beziehungen. Auch sie werden in bestimmten sozial legitimierten Institutionen – vor allem in der Ehe – geregelt und erhalten ihre Bedeutung und Ausgestaltung in einem jeweils kulturspezifischen personalen Gesamtgefüge. Nur vom Sexualdrang geprägte Kopulationen werden zu Recht als menschenunwürdig empfunden und bezeichnet.[247]

Unübersehbar äußert sich die Unterordnung des Biologischen unter das Personale darin, daß der Mensch aus personalen Motiven völlig anders handeln kann, als es seinen akuten biologischen Bedürfnissen und Impulsen entspricht. Er vermag trotz Hungers zu fasten. Er vermag um personaler Liebe willen auf sexuelle Handlun-

[247] Faktisch bedeuten sie besonders eine personale Mißachtung der Frau, die sich entweder als Sklavin ihrem Herrn fügen muß oder als Kriegsbeute soldatischer Willkür ausgesetzt ist.

gen zu verzichten. Er vermag aus Rücksicht auf andere Menschen Äußerungen des Schmerzes zu unterlassen und vieles andere mehr. All diese Unterlassungen, Handlungen und Verhaltensweisen lassen sich von der biologischen Ebene her nicht erklären. Sie werden nur von der personalen Ebene und ihrer Gestaltungskraft aus verständlich.

Das komplizierte doppelte Verhältnis der verschiedenen Ebenen zueinander hat Karl Rahner einmal in einen ebenso komplizierten Satz gefaßt. Er lautet: »Die höhere Dimension impliziert in ihrer eigenen Wirklichkeit als ihr eigenes Moment die niedrigere Dimension, hebt sie – aber im Hegelschen Sinne – in sich auf, wahrend und überbietend, ohne darum die Gesetze der unteren Dimension zu verletzen, so wenig das Höhere als der kompliziertere Fall des Niedrigeren verstanden und von daher erklärt werden kann.«[248]

Nach diesen Überlegungen zu der doppelten Zuordnung der drei großen Bereiche zueinander läßt sich nunmehr die Frage beantworten, wie es zu den unterschiedlichen Auffassungen darüber kommt, was dem Menschen angemessen ist: Wenn man die Materie, die unbestreitbar die Basis der uns unmittelbar zugänglichen Wirklichkeit darstellt, für den Schlüssel zum Verständnis aller Erscheinungen hält und alles von ihr her zu erklären sucht, dann wird der Mensch zwangsläufig zum letzten und höchsten Produkt rein materieller Entwicklungen. Als Endprodukt dieser Entwicklungen ist er dann das höchste Wesen. Daraus ergeben sich zwei Folgen:

1. Ihm sind keine Werte und Gebote von einer höheren Instanz vorgegeben, sondern er selbst hat als höchste Instanz über alles zu entscheiden. Nach allen bisherigen Erfahrungen ist er jedoch damit schlechthin überfordert. Unübersehbare Beweise dafür sind die Zustände in diktatorischen und totalitären Systemen, deren Gewalthaber eine absolute Verfügungsbefugnis beanspruchen einschließlich der Entscheidung darüber, wem Leben gewährt und wem es genommen werden soll. Wie unsere geschichtlichen Erfahrungen zeigen, neigen Gewalthaber, die eine

[248] Karl Rahner, Grundkurs des Glaubens, Freiburg 1976, S. 255.

absolute Verfügung beanspruchen, dazu, »notfalls« ohne Rücksicht auf Leben und Würde der ihnen Anheimgegebenen ihre Planungen zu verwirklichen.

2. Da der Mensch bei dieser Interpretation der Welt Gott leugnet bzw. ignoriert, gerät er mit innerer Notwendigkeit in die bereits dargelegte »Absurditätsfalle«.[249] Damit wird der Mensch einer absoluten Sinnlosigkeit seines gesamten Daseins preisgegeben in einer Welt, die auch ihrerseits absurd und unbegreiflich ist. Der Mensch ist also nicht nur das höchste, sondern zugleich das sinnloseste Wesen.

Bei dieser Deutung der Gesamtwirklichkeit allein »von unten«, das heißt von der materiellen Basis her, bleiben zudem wichtige Fragen offen. Hierzu gehört nicht zuletzt die Frage nach den sinnvollen Koordinationen, die zur Erklärung der gesamten Entwicklung notwendig sind und die allein von unten her nicht zureichend erklärt werden können. Hierzu gehört jedoch auch die Frage, wie es zum personalen Leben des Menschen kommen konnte, da nach allen unseren Erfahrungen das Werden einer Person den Anruf von bereits ausgereiften Personen voraussetzt.

Außerdem ignoriert diese Erklärung allein von unten, daß die Zuordnung der verschiedenen Wirklichkeitsbereiche zueinander nicht nur dadurch gekennzeichnet ist, daß die höheren auf den niederen aufbauen, sondern ebenso dadurch, daß die jeweils höheren Bereiche die niedrigeren in den Dienst nehmen und gestalten. Diese unleugbare Indienstnahme und Gestaltung bedeutet jedoch zwangsläufig, daß die Gesamtwirklichkeit nicht allein von der »Basis« her erklärt werden kann, sondern darüber hinaus eine Aktivität »von oben« voraussetzt. Sofern man konsequent weiter denkt, stellt sich daher zwingend die Frage nach dem ersten höchsten Koordinator bzw. Subjekt der Gesamtentwicklung, das heißt letzten Endes die Frage nach dem Gott, der im Credo der Schöpfer Himmels und der Erde genannt wird.

Insgesamt bedeutet das, daß die metaphysische Frage nach Gott, Mensch und Welt gerade in der Gegenwart wiederum als eine

[249] Vgl. VII,3.

höchst aktuelle und in sich zusammenhängende Frage erscheint, wie sie am Anfang dieser Überlegungen gekennzeichnet wurde. Nachdem man in der europäischen Geistesentwicklung vorübergehend geglaubt hatte, auf diese Frage verzichten zu können, und ihre Beantwortung der »Einbildungskraft« von Philosophen und Theologen überlassen wollte, zeigt sich in der gegenwärtigen Situation, daß sie niemand ignorieren kann, dem die Sorge um die Zukunft der Menschheit ernst ist.

Zugleich hat sich erwiesen, daß es letzten Endes in der heutigen Situation nur eine wirklich grundlegende Alternative der Antwort gibt: Entweder man versucht, die metaphysische Frage auf der Grundlage des methodischen oder auch weltanschaulichen Atheismus zu beantworten, und gerät dabei ständig auf unbeantwortbare bzw. unlösbare Probleme und letzten Endes in die »Absurditätsfalle«; oder aber man ist sich dessen bewußt, daß der Mensch grundlegende Fragen stellt, die er allein aus eigener Kraft nicht zu beantworten vermag, und verläßt sich daher auf die von Gott in der Offenbarung gegebene Hilfe. Die Annahme dieser Hilfe ist um so angemessener, da es sich nicht um einen mehr oder weniger willkürlichen Sprung in irrationale Spekulationen handelt, sondern vielmehr um eine in geschichtlichen Ereignissen verankerte vernünftige Deutung der Gesamtwirklichkeit.

Wie die Allgemeine Erklärung der Menschenrechte zeigt, bietet diese Deutung überdies für alle Menschen eine wichtige Hilfe zu einer angemessenen Gestaltung ihres persönlichen und politischen Lebens. Es ist daher kein Zufall, daß die Frage nach einer angemessenen Zukunft mit der Frage nach einer Anerkennung oder Nichtanerkennung der in christlichen Grundüberzeugungen wurzelnden Menschenrechte identisch geworden ist.

Von dem gleichen Autor:

Die historische Glaubwürdigkeit der Evangelien

112 Seiten, TVG-Paperback, Bestell-Nr. 229 526

Nahezu alle modernen Ausleger des Neuen Testaments versichern, mit einer historisch-kritischen Methode zu arbeiten. Viele kommen dabei jedoch zu Ergebnissen, die das historische Geschehen eher in Frage stellen und auflösen als herausarbeiten.

In dieser Lage ist es aufschlußreich, was ein Historiker dazu sagt. Diese Untersuchung zeigt zunächst, welche Bedeutung die historische Frage für das Verständnis des Neuen Testaments hat. Sodann macht sie deutlich, daß die Verfasser der Evangelien zwischen Berichten über historische Vorgänge und Lehrerzählungen wohl zu unterscheiden wissen und daß ihre Berichte über das Wirken, das Leiden, den Tod und die Auferstehung Jesu Christ historisch glaubwürdig und zuverlässig sind.

»Wieviel Fehlerhaftes und Falsches . . . in die moderne Exegese eingedrungen ist und von Christen und Nichtchristen für wahr gehalten wird, wird in diesem Buch sorgfältig aufgezeigt.« (Regina Bohne in: Rheinische Post)

R. BROCKHAUS VERLAG WUPPERTAL